老师如何提问，学生才会思考

Questioning Strategies for K-6 Classrooms

The Art of Inquiry

[美]
南希·塞西尔 Nancy Lee Cecil
珍妮·法菲尔 Jeanne Pfeifer

中国青年出版社
CHINA YOUTH PRESS

图书在版编目(CIP)数据

老师如何提问，学生才会思考 /（美）塞西尔，（美）法菲尔著；刘夏青等译.
—北京：中国青年出版社，2016.5
书名原文：The Art of Inquiry: Questioning Strategies for K–6 Classrooms
ISBN 978-7-5153-4121-7
Ⅰ.①老… Ⅱ.①塞… ②法…③刘… Ⅲ.①教学法－研究 Ⅳ.①G424.1
中国版本图书馆CIP数据核字（2016）第057279号

老师如何提问，学生才会思考

作　　者：〔美〕南希·塞西尔　珍妮·法菲尔
译　　者：刘夏青　孙明玉　刘白玉　张　娜
策划编辑：杨　迪
责任编辑：周　红
美术编辑：李　甦
出　　版：中国青年出版社
发　　行：北京中青文文化传媒有限公司
电　　话：010-65511270/65516873
公司网址：www.cyb.com.cn
购书网址：zqwts.tmall.com
印　　刷：大厂回族自治县益利印刷有限公司
版　　次：2016年5月第1版
印　　次：2022年2月第10次印刷
开　　本：787×1092　　1/16
字　　数：150千字
印　　张：14
京权图字：01-2015-7033
书　　号：ISBN 978-7-5153-4121-7
定　　价：49.00元

目 录
Contents

前言
Introduction

为什么人们选择教师这一职业？这些年，我读了成百上千位想进入教育领域的学生写的专业目标陈述，他们写道：“当看到学生理解了一个概念或者观念时，就如同给一个个小脑瓜点亮了一盏灯，这的确令人鼓舞。”看到这些陈述，我十分欣慰。进入教育领域的大多数教师都被这样的情境所吸引：看到学生在自己的指导下学会了新的知识的那一刻，无比幸福和快乐！老师对学生进行提问，学生回答，在这一问一答中，学生学会了新的知识。

这就是撰写此书的目的：对学生提问适当的问题能够让急于了解新事物的孩子们快速理解知识。整部书中有很多示范，告诉老师如何提问激动人心的、开放式的问题，如何帮助年学生提出批判性的问题。

1900年，北美地区人的平均寿命刚刚超过47岁，而在2010年，这一地区人的平均寿命已经超过80岁。也就是说，今天，绝大多数学生在高中毕业后会继续生活60多年。但是，老师在学生18岁前传授的知识根本无法满足学生剩余岁月工作和生活所需。高中毕业后，学生们会继续学习，因此，教给学生探究和提问问题的艺术对他们的人生则显得特别重要。

如何使用此书

我们将此书分为两部分。第一部分描述了提问问题的种类、用途及在课堂上让问题和回答自由发挥的环境因素，我们研究了老师提问问题的类型，为每类问题提供了定义、描述并举例说明。我们也附了自我检查清单测试，这样教师就能够确认自己是否具备识别各种问题的能力，对批判性的问题或者开放性的问题提出更多的问题。

我们还聚焦于如何创建理想的课堂提问环境——让年轻的学生能够自由提问和回答问题的环境。书中还包括了一些阻碍学生创造性思考或者批判性思考的常见误区，这些误区妨碍了学生的自由提问和回答。

在第二部分，我们阐述了一些具体的提问问题的策略，教师可以使用这些策略提问更耐人深思的问题，从而提高学生对课文的理解，并培养学生的批判性思维能力。然后，我们就教师引导学生提出自己的问题给出了一些建议和方法。接着，我们说明了如何将这些提问的方法有机融合到所有课程中。我们发现，这些方法尤其适合于数学、自然科学、社会科学及艺术赏析。

此书为谁而写

此书为小学一至六年级的老师所写。他们相信，只要向学生提问恰当的问题，奇迹就会发生。这些老师想提高自己的提问技能，以便达到让学生更积极地参与到学习的过程中。此书也为正在进行培训的老师所写，他们期盼着自己能够点燃学生头脑中的那盏灯。当老师提问恰当的问题时，他们就激发了学生内心深处的思考，激励学生突发联想，提高了学生的洞察力。就是这些工作在课堂一线的教师，点燃了年轻学生头脑中的那盏灯——永不熄灭。

第一部分

提出有价值的问题

The Importance of Good Questions

有价值的问题对学生的学习成绩有多重要?

精心设计的有目的的提问会让学生对所学内容产生很多联想，从而加深学生对所学内容的理解。提问非常关键，因为这些问题要求学生远离现在的时间与空间。当回答与过去或者未来有关的问题时，学生经常从现在的视角回答，而不是专注于回答的问题。思考过去或者未来的事件，需要抽象思维。培养抽象思维能力需要更高的思维方式，这样才能提高学习能力。

提问问题需要用有效的方法，以便指导和开发学生的阅读理解能力，尤其是当老师示范如何提问有价值的问题并让学生自己提出问题的时候。给自己提问问题是一种预测，对理解能力很有帮助——它强迫你去关注所读课文的含义，而不是被动地接受作者的观点。因此，能够预测课文内容的孩子，能够自我提问的孩子，往往对课文理解得更透彻。

只有给孩子机会让他们思考某些观点，找出所学内容的各种关系，才能够激发孩子们的想象力，激发孩子们的学习兴趣。当学生们就没有固定答案（或者有很多正确答案）的某件事情或者事件试图提问或者回答时，他们就开始培养一种对当今世界巨大或者复杂事件的鉴别能力，这就开启了“校内校外”真正意义上的学习！

什么是合适的问题

研究表明，教师并没有提问足够多的**开放式的问题**，而开放式的问题恰恰能够提高学生的想象力，促进学生的批判性思维。布罗姆利在其研究成果中，得出了如下的结论：

◎ 教师提问的问题75%属于事实性的问题或者文字语言方面的问题。

◎ 超过50%在幼儿园提问的问题在小学又被提问，这些问题也都是事实性的问题或者文字语言方面的问题。

◎ 在平均30分钟一节课的课堂上，老师提问的问题平均70%属于事实性的问题或者文字语言方面的问题。

最近几年，阅读和数学作为独立课程的重要性越来越得到认可，这种认可与社会科学、自然科学、艺术、物理以及这些学科的交叉有很大关系。孩子们在实际生活中遇到的问题不可能仅仅涉及一门学科，为了有效解决这些实际问题，学生们必须进行多学科的学习。提问并解决问题的一个主要目的，就是帮助学生解决现实世界中的实际问题，提出现实存在的问题，收集有助于做出决策、解决问题、进行逻辑思考、进行批评性思考的数据。

儿童普遍具有好奇的天性，他们不停地问问题，目的是学习有关观点或者挑战这些观点，但是那些一般来说属于事实性的“是什么”

和“如何做”的问题对儿童没有太大的帮助。提问这些“为什么”的问题非常关键，因为他们可进入课程的核心，让学生关注如下学习过程：如何学习、学习新知识、元认知、移情、做出决策、创造性、团队合作解决问题。

少问些事实性问题吧

为什么很多老师提问这么多的事实性问题？老师们相信，事实性问题容易回答，仅需要较少的具体的信息。事实并非如此，一位具有较好的批判性思维的孩子知道所有哥伦布探索新大陆的难处：为了探险，哥伦布要寻求意大利、西班牙、葡萄牙皇室的绝对支持，但是，这个孩子可能不记得哥伦布航行到美洲的具体年代。老师可能还相信，事实性问题比起解释性问题和评估性问题（这些需要背景知识或者个人观点）回答起来有较少的争议。但是，学生仅仅回答事实性问题，就失去了培养创造性思维和批判性思维的机会，因为创造性思维和批判性思维都是经过激烈的讨论获得的。

有些老师认为，在培养学生的批判性思维之前，应该先让他们获得一定数量的事实性知识。这个假设的问题是，学生永远也学不完足够的事实性知识，老师和学生也就永远不会去探讨批判性思维。学生在学习事实性知识，在学习新内容甚至在获得新的信息时，批判性思维的培养就已经开始了。最后，有些老师可能强调事实性问题的重要性，因为回答事实性问题需要简明。提问和回答事实性问题速度快，这样更容易控制学生的课堂行为。如果是这样的话，老师就让学生简单地做问卷调查，但这不是真正意义上的让学生积极参与的“提问”。

以提问事实性问题为主的老师给学生传递了一个什么敏感的信号呢？学生会有这么一种印象：事实和细节比事件和观点的个性化解释及评判更加重要。他们会认为，如果自己记忆力不好，记不住那些全球性事件的名字和日期，记不住原理图的概念，那他们就很笨。另外，如果在课堂上过分重视事实性问题，学生们就很少有机会用复杂的语言探讨自己的观点或对有意义的内容进行深入交流。相反，他们会花费大量时间用简单的词语来回答事实性的问题，或者用毫无创意的方式在表格上填空。而参与基于问题学习的学生会提出高水平的问题，他们不仅仅获得事实性的信息，而且获得处理信息的能力。

第一章

为什么要提问

大多数教育者认为，教学的主要目的之一是帮助学生学会如何在生活中做出合理的决策。要达到这个目的，必须教会学生积极地解决问题，进行批判性和创造性思考。

学会提问合适的问题是一门复杂的艺术，但在多数教师培训的项目里，却成为一门很难讲授的课，这是很不幸的事情。研究表明，凡是经过对提问高水平问题进行专门培训的教师，在课堂上构建和使用高水平问题的能力大大提高，并且在激励学生的人类潜能方面更在行。另外，了解提问的种类及各种表现形式能够帮助教师确定，在激励学生进行批判性思维和创造性思维方面，教师自己做得是否足够好。

提问有很多目的，教师必须熟知。教师需要知道提问的多种形式，需要知道某种提问的形式必须与提问的目的是否相匹配。提问如此重要，所以本章从认知和情感两个领域来全力帮助教师熟悉提问的各个层面。

提问的目的

教师在课堂上提问有很多不同的目的，见图表1.1。通常，教师期望同时达到几个目的，例如，某位教师提问是为了考查一下学生对课文的某个具体概念是否掌握，但同时让学生利用这个概念做出某个决策或者解决某个问题。另外，老师问这个问题还想引起学生对某种观念的思考或者对人生的感悟。

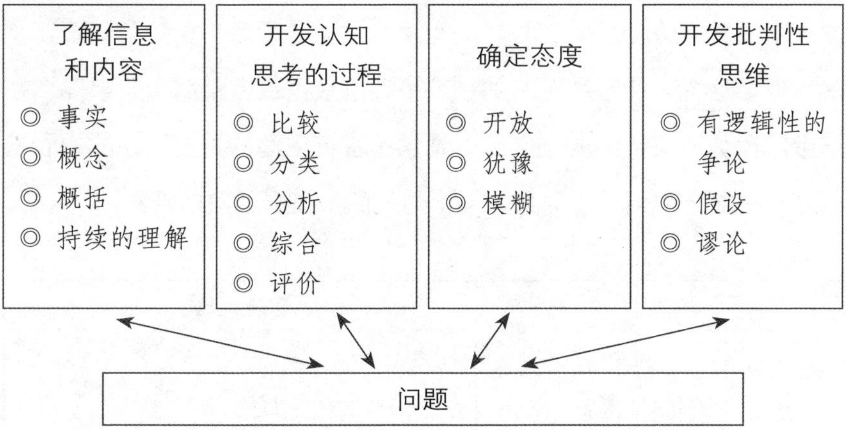

图表1.1　此表展示了提问问题的多个目的

提问的种类

认知领域

在多数课堂上使用的问题种类的基本框架来自布鲁姆的研究成果，布鲁姆在他的专著《教育目标分类法》（1984年）中，将认知（或思考）分为六个要素：知识、理解、应用、分析、综合、评价。

按照学生回答问题的难易程度，布鲁姆的六种问题可以分成三大类（见图表1.2）。

第一类问题——知识和理解，属于较低层次的问题，这类问题要求学生收集和记忆某些数据，不需要很多思考。

第二类问题——应用和分析，要求学生处理有关信息，并将新的信息与自己的经历有机的结合在一起。

第三类问题——综合和评价，称为最高层次的问题，这类问题需要较高的智力劳动。要回答这类问题，学生必须参与更抽象和更复杂的思考，这样才能够在全新的环境下评价数据或者预测未来事件。在这个阶段，所设计的问题必须鼓励学生进行主动的、创造性的、假设的思考，展开他们的想象力，亮出他们的价值观或做出判断。

层次	问题种类	反应行为	启发问题
一	知识	回忆事实 观察 回忆概念	1. 谁……? 2. 做了什么……? 3. 在哪里……? 4. 何时……? 5. 定义
	理解	做出描述	1. 描述：当第三只羊过桥时发生了什么事? 2. 这一段落的主题是什么? 3. 这两种水果哪些地方类似?
二	应用	应用技巧	1. 如果……那么…… 2. 你客厅的周长是指什么?
	分析	确定动机或原因 作出推测	1. 为什么老黄狗会死亡? 2. 我们研究了鲸鱼，那么，我们对动物园是怎么看的（假设）?

层次	问题种类	反应行为	启发问题
二	分析	找出支撑论点的证据	3. 对于学生不应当分等级这个观点，你找到支撑证据了吗？
三	综合	解决问题 预测未来 进行新的沟通	1. 你能想出做这个实验的办法吗？ 2. 我们如何解决这个问题？ 3. 我们如何改进我们的研究？ 4. 如果我们找到治疗癌症的方法，将会发生什么事？ 5. 如果我们长得都一样，你预测一下，世界将会变成什么样？
	评价	对问题给出观点 评判观点的有效性 评判解决问题的价值 评判艺术或其他产品的价值 评判观点和想法	1. 你同意乔斯的观点吗？ 2. 你认为这是继续前进的最好办法吗？为什么？ 3. 你认为这样判断罪犯是正确的吗？为什么？ 4. 你对这件事的看法是什么？为什么？ 5. 这么做是不是更好一些？为什么？ 6. 你喜欢哪部录像？为什么？

图表1.2　此表展示了认知领域的问题种类

超布鲁姆分类法

布鲁姆的专著《认知目标分类法》于20世纪50年代出版，自出版以来，对教育工作者产生了重要的影响，学者们从多角度对他的观点进行研究和阐释，不仅认知心理学家使用分类法对复杂的思维进行阐释，哲学家、教育家、自然科学家、社会科学家、艺术家均使用分类法对复杂的思维进行研究。由中学教师和大学教授组成的一个研究团队，使用分类法对思维过程进行了多维度的研究，时间多达数年（见图表1.3）。这个精心编制的图表能够帮助老师明确那些非常重要的步骤，以便让学生积极参与到解决问题、做出决策的教学过程。这个图表描述了复杂的信息处理的不同目的，输入指的是不同类型的知识，比较、分类、排序及观点指的是理解和应用，解决问题、做出决策、逻辑思考和创造性思考指的是分析、综合、评价。

当要求学生研究信息时，就需要给他们一个思考的空间来组织这些信息。如果学生不了解研究信息或者他们所提问问题的目的，那么他们进行的思考就没有任何意义。

要求学生参与到高水平的思考有很多目的，他们需要解决某个问题，做出某个决策，找到解决某个在逻辑上进退两难困境的答案，而这个进退两难困境如果在开始时弄不清楚就可能变得复杂而导致整个问题变得一团糟。学生们必须对“原始数据”有组织和分类的能力，以便能够辨别有用的信息，并将这些信息用到实现自己目标的事情上。

思考过程 目的还是问题?			
输入	阐述		输出
第一手资料	比较	分析	解决问题
(第一个人)	分类	(从全部到部分)	做出决策
◎ 文件	假设	综合	
◎ 面试		(从部分到产生新的内容)	
◎ 调查			
◎ 实验			
二手资料	排序	评价	逻辑思考
(其他人的解释)	观点	(使用例子的原则)	创造性思考
◎ 文件			
◎ 面试			
◎ 调查			
◎ 实验			
事实			

图表1.3　此表根据“布鲁姆的分类法”编制，有利于数据收集及分析

批判性思维

尽管批判性思维与思考过程类似，但它们却不完全一样。批判性思维是人们为了改善思考而进行的思考，它涉及到思考的质量，九个标准包括清晰、准确、精确、相关性、深度、宽度、逻辑性、重要性、公平性（见图表1.4）。

应用于思考过程的批判性思维			
简单			复杂
输入	阐述		输出
数据/事实/资源 ◎ 他们可靠吗？ ◎ 这个人掌握了专门知识吗？ ◎ 这个资源能够解决这个问题/困境/情形吗？ ◎ 这个资源合法吗？ ◎ 这个资源具有代表性吗？ ◎ 数据具有普遍意义吗？ ◎ 数据足够吗？ ◎ 有偏见吗？	比较完整吗？是否包括必要的要素？ 分类完整吗？ 是否考虑了所有相关的观点？ 这个模型适合假设的稀疏数据吗？ 是否需要收集更多的数据来确认或否定这个假设？ 程序是否符合逻辑？	分析：所有的部分都证明与全部内容相关吗？其间的关系解释清楚了吗？可靠吗？ 综合：创造性是如何确定的？是与众不同？不同寻常？ 评价：原则明显吗？与所举的例子相关吗？原则完整吗？与任务的复杂性匹配吗？	解决问题：客观原则明显吗？考虑到多个选择了吗？具有概括性吗？ 做出决策：考虑了主要的选项和足够的选项了吗？价值观清晰吗？优点和缺点与价值观一致吗？ 逻辑思考：前提清楚吗？两个前提之间有逻辑联系吗？避免谬误了吗？ 创造性思考：是新的、全新的、独特的方面？将各种事情融合创造新的结论？

图表1.4　所举的提问问题的例句超出了思考过程，就产生了批判性思维

既然老师设计课堂教学是为了让学生参与提问，那么老师就必须既关注认知（大脑）过程，又关注情感领域，即态度、价值观、信仰、感觉是如何影响观念的。

情感领域

对于提问问题，布鲁姆也考虑了情感领域——处理感情和情绪的问题。在现实生活中，认知和情感是不可分割的，因为对孩子们来讲，其实对其他人也一样，无法不带感情地回答问题。不进行思考，也无法对一个问题进行评价。似乎是，认知和情感两个领域是融合的，同时发生的，但是，某些问题更倾向于其中的某个领域。

在情感领域，提问问题的五个步骤是：接收、反应、价值判断、组织、特点描述。像认知领域一样，这些步骤是可以根据信息的处理进行分类的（见图表1.5）。

接收和反应属于第一层次，即较低层次的问题，尽管这两个步骤都需要孩子多多少少地参与某个活动，但是他们的回答都不需要付出太大的努力。第二层次的问题——价值判断，就需要学生“认真思考”，他们经过思考而得出的结论必须与所称的态度或信仰一致。第三层次的问题，也就是较高层次的问题，涉及到组织和特点描述，这些问题如果能激发学生产生价值观，并按照这些价值观行动，或者将这些价值观归类到某个始终如一的他们愿意奋力保护的价值体系，那么，提问这些问题就算成功了。

层次	问题种类	反应行为	启发性的问题
一	接收	对环境有意识 愿意接收	1. 你更喜欢哪一个……? 2. 确定那个人…… 3. 通过……听这首歌 4. 你意识到……?
	反应	默认反应 愿意反应 对反应满意	1. 你喜欢唱歌吗? 2. 你观察到这两个物品的区别了吗? 3. 你愿意去看芭蕾舞剧吗?
二	价值分析	接受某个价值 喜爱某个价值 做出承诺	1.(就枪支管制)坚持你的立场。 2.(对无家可归者)你感到有责任吗? 3. 对你的爱好排序。 4. 你同意还是不同意……?
三	组织	对某个价值概念化 组织某个价值体系	1. 按照你的观点(这钱花得值得吗)? 2. 根据你对战争的观点(你认为我们应当介于此次冲突吗)? 3. 请用你自己的话,解释这个观点。 4.(对于不使用动物做科学研究),你考虑过其他选择的代价吗?
	特点描述	普遍化 生活哲理 价值内在化	1.(关于污染),你想做点什么? 2. 你愿意(为了无家可归者放弃每天不吃午饭而坚持一周吗)? 3.(对于安乐死),你的哲学观点是什么? 4. 下面哪些信仰你认为是你人生中最重要的?

图表1.5　此表展示了情感领域的问题种类

代表三个层面的情感问题都要在课堂上讨论，当然没有必要在每节课都同时讨论三个层面问题。富有经验的教师设计认知领域的问题是为了激发学生处理信息的能力，最终目的是分析数据、评价数据。同时，富有经验的教师又用情感领域的问题激起学生充满感情的回应，并开发学生形成一个价值体系，这个价值体系将成为学生日常生活的一部分。

很多教育者认为，人的某些性情、态度、价值观和感情提高了学习者解决问题、做出决策、进行批判性思考的成功概率。这些性情、态度、价值观和感情包括如下要素：开放式的思维、尊重别人的观点、尊重事实、愿意承担风险、客观、成为完美主义者、拥有持续关注主要事件的能力、坚持不懈、敢于怀疑（理智的）。

其他类型的问题

高水平的问题引发多层面的、高水平的反应，但是，如果学生回答的问题不全或者面很窄，那么，教师就要启发学生从多层面思考问题。除了布鲁姆的二分法之外，还有其他几种教师在课堂上提问问题的方法，以便从学生那里得到所期望的回答：澄清问题、暗示问题、聚焦问题、探索问题。

◎ **澄清问题**。当老师不明白学生在说什么，或者希望学生详细说明某问题时，可以采用澄清问题法，例如，你是说团队成员的作用与父母一样吗？能告诉我们你为什么这么想吗？请对你的想法举例说明。

◎ **暗示问题**。经常，老师通过提问一个关键问题来开始一节课，但得到的却是全班学生的一致沉默，原因是学生缺乏背景知识来回答这个问题。在这种情况下，老师就要通过提问问题的方式，来给学生提供一些暗示，例如，老师在刚上课时可能会问：你认为，在开荒年代，为什么那么多人去美国西部？当无人回答时，老师可能就暗示说：加利福尼亚金矿的发现对拓荒者决定去西部有多大的影响？或者，加利福尼亚的什么发现让人们异常激动？

◎ **聚焦问题**。老师提问一个关键问题，目的是引导学习者关注某个观点或者话题，例如，老师可能会问：在萨克拉门托市（美国加州首府）是否应该有“约束法”？然后，老师开始提出几种观点，让同学们讨论，从而展开对此问题的赞成或反对的激烈辩论。

◎ **探索问题**。如果没有对探索性问题的后续提问，那么学生的回答就仅仅是简单的回答，例如，老师问：我们美国是否该派部队去阿富汗？一个学生回答：绝对不应该！老师得到了这个关键问题的答案，但不知道学生是如何得出这个结论的。老师应该继续问一个理由更详细的问题，或者让学生说明这么想的原因：你为什么这么想？通过提问探索性的问题，老师能够发现学生对这个问题深层次的思考。

“提问—回答—评价”（IRE）教学模式

要想让批判性思考和创造性思考在课堂上“繁荣昌盛”，学生就要根据自己的人生经历、态度、价值观来自由地回答问题。不幸的是，在大多数课堂上，人们进行的讨论是根据罗勒（1989）提出的所谓“经典的”的“提问—回答—评价”（IRE）问答教学模式来进行的。

“提问—回答—评价”（IRE）问答教学模式如下：教师提问一个事先设计好的问题，让学生准备好与即将阅读的内容互动。老师努力让学生将新知识与已知的某个主题相联系，这样学生就更容易吸收新的知识，例如，在阅读一个年轻人获得大奖的故事之前，老师首先提问学生，班里哪个学生获过奖励。结果一个学生说，她父亲在难民营里获过奖，因为父亲用舌头舔到了鼻子。立刻，几乎是无意识地，老师对这个答复进行了评价，并得出了结论：这个答复并不符合她的预期，这不是她所期望的。回答问题的学生无意地受到了指责，从这个回答中，她意识到，她必须回答老师所认为对的答案，或者，她意识到，最安全的方式是，她不回答任何问题。

使用“提问—回答—评价”（IRE）问答教学模式的教师有一个隐藏的日程表，他们通过坚持学习者必须与自己的语言、经验、价值观匹配来巧妙地控制所有讨论。这些老师可能会不断地提问学生问题，直到得到他们所期望的答案为止。所提问的问题聚焦于事实或者回忆性的问题上，按照布鲁姆分类法，这些属于低层次的问题，这些问题可能会限制学生使用和应用信息的能力。

如何应用问题分类法

刚才所探讨的布鲁姆的问题分类法给教与学均提供了多渠道的、引人激发兴趣的可能性，这些可能性展示的形式是多元的、随机的，因为教师和学生都是不一样的个体，他们对提问问题的某个技巧的使用和解读存在很大的差异性。不同的问题类型可能会对不同的课程产生不同的影响，请看下面的说明。

◎ **从阅读材料中构建问题。**知道认知领域和情感领域的范围，会有助于老师分层次地构建所提问的问题。另外，熟悉多种模型、多种描述和动词类型有助于老师设计所提问的问题是聚焦于认知技能还是聚焦于情感反应（见图表1.6）。

姓名：特奥　　　　日期：4月3日

主题：马丁·路德·金：伟人的一生

问题类型1：选择下列动词

定义	描述	观察
列表	匹配	注意
识别	就位	

学生：我要描述马丁·路德·金的早期生活。

问题类型2：选择下列动词

解释	重写	总结
转换	说明	举例
改述	回答	

学生：我要改述马丁·路德·金的演讲："我有一个梦想"。

问题类型3：选择下列动词

示范	展示	支撑你的观点
构建	操作	应用
改述	回答	

学生：我要通过展示马丁·路德·金从很多方面改变美国黑人生活的视角，说明我的观点：他是一个伟人。

问题类型4：	选择下列动词 组织　演绎　评价 推断　比较　分析 对比　分类　辨别 学生：我要将马丁·路德·金博士的人生和圣雄甘地的人生进行比较。
问题类型5：	选择下列动词 创建　设计　假设 构造　支持　重新排列 结合 学生：我要创建我自己的演讲："我有一个梦想"，里面包含所有马丁·路德·金博士所讲的至今还没有实现的理想。
问题类型6：	选择下列动词 判断　辩论　描绘特点 支持　表扬　批评 评价 学生：我要写一篇论文，支持消极抵抗，并证明消极抵抗如何终结北美城市的暴力。

图表1.6　可以教学生使用布鲁姆分类法

◎ **给学生提供收集数据和解读数据的机会。**一方面，让学生成为阅读高手非常重要，另一方面，要给他们机会从多种渠道获得信息，给信息分类，理解信息，解决实际问题，掌握综合能力。这些机会需要"亲自动手学”，教师需要保证“亲自动手学”就意味着“亲自动脑想”。

◎ **选择课程。**在整个学期选择不同的学习活动时，要把总的目标与加强学生的某个认知思考或情感反应绑定。这个选择原则就允许老师——作为关键决策者，用清晰的、宽口径的教学目标来选择学习活动。

◎ **购买教学材料。**可以使用布鲁姆的教学分类法作为指导理论来评价教学材料是否涉及到了所有的思考及评价层次，而不仅仅是课本的具体内容，教学材料包括必读材料、补充材料、视频材料（如软件及互联网材料）。

◎ **将布鲁姆的分类法教给学生。**可以将布鲁姆的分类法教给学生，让学生使用这个方法从整个思考过程中选择一系列必要的知识。要做到这点，首先让学生选择一个观点，主题或者问题。然后，使用问题类型，根据分类法的层次中选择动词，以此来探索所选择的话题（见图表1.6）。最后，从认知领域或情感领域的顶部开始，选择一个方法，来展示自己所要探索的作品，例如，在情感领域，如果是探讨死刑的问题，展示的作品可能就是一封写给政府官员的信，信中要陈述自己支持死刑或者反对死刑的观点。在认知领域，最终产品就是一篇论文、一个媒介，学生通过探讨马丁·路德·金博士的人生和圣雄甘地的人生来评价消极反抗的相对效度。

◎ **独立学习。**很多老师对学生独立学习感到很不舒服，因为他们必须评价这个“独立的产品”——也就是说，因为学生独立学习，没有比较，无法用一个标准来衡量学生的成绩。但是，在独立学习过程中，学生们能够自然地经历高水平的独立思考，并培养思考技能。

教师可以使用布鲁姆的分类法作为指导原则，根据学生的活动来分析他们的思考能力。

◎ **小组学习。**当学生们一起学习时，他们学到了很多很重要的社交技能，同时，他们也会从其他同学所做的事情和如何做事情受到很多启发。另外，对一些问题的回答太长，一个学生根本没有足够的时间去回答。在小组里面，学生们可以把一个大问题分成几个部分，每个学生负责回答其中一个部分。小组可以向整个班级展示，每个学生学到了什么。

◎ **评估口语交流。**教师凭直觉就知道，班级课堂讨论给学生的口头表达能力、智力发展、发现价值提供了一个很有意义的交流平台。但是，在讲究责任的当今社会，评价这些讨论很难。在整个学年的不同时期，老师记录下学生讨论时所提的问题的类型和内容，能够让老师对学生有个负责任的评价。

以上建议涵盖了分类法中认知领域和情感领域提问问题的方法，尽管它们会因为老师的教学风格和学生的情况不同而有所不同，但是它们的确为课程选择提供了基本框架和原理。如果在整个课程中使用恰当并综合使用，分类法和其他类型的问题可以为教师提供有益的指导，这样教师就能够在课堂上增强学生的认知能力和情感能力。

问题类型和层次小测试

图表1.7的练习测试是为了检查你对刚刚学习的这一章的重点是否记住和理解：提问问题的类型（认知领域和情感领域），三个层次（第一层次、第二层次和第三层次）。在每个问题前面标上符号，C代表认

知领域，A代表情感领域；I 代表第一层次，II代表第二层次，III代表第三层次。在很多情况下，一个问题具备两个领域的特点，而根据问题的实际回答，一个问题也可能跨越两个层次。针对这个练习，要求只写出一个最佳的答案。

理解问题类型及层次	
________	1. 你知道双峰骆驼和单峰骆驼的区别吗？
________	2. 关于波特先生提出的在萨克拉门托市(美国加州首府)设立“约束法”的观点，你是怎么看的？
________	3. 请解释两只乌龟的栖息地为何类似，又有什么不同？
________	4. 你认为哪一首诗歌最有趣？
________	5. 如果有人提供你今年夏天去中国旅行的机会，你做何反应？
________	6. 写一篇文章，谈论一下你对学校的看法。
________	7. 伊利诺斯州的州府在哪里？
________	8. 一个人说他喜欢自然，但却去打野鹿，你对这个人怎么看？
________	9. 你对阅读是怎么看的？
________	10. 这些几何学图形如何分类？
________	11. 当尤德发现那个男孩抓住了夏依洛时，你认为会发生什么事？
________	12. 今天的生活和拓荒年代的生活有何不同？
________	13. 写一篇文章，从政府给无家可归者提供住房这个视角，谈论一下政府的角色。
________	14. 从哲学视角谈论一下你对死刑的看法。
________	15. 想象一下，2525年的交通状况会是怎样的？

________	16. 如果不对污染采取措施，你认为从长久来说会产生怎样的后果？
________	17. 你认为杰西是如何改变对莱斯利的看法的？
________	18. 所有的树都有叶子吗？
________	19. 是否有一种你最爱做的活动？
答案：	1. C, I; 2. A, II; 3. C, I; 4. A, I; 5. A, II; 6. C, III; 7. C, I; 8. A, I; 9. A, II; 10. C, II; 11. C, III; 12. C, II; 13. C, II; 14. A, III; 15. C, III; 16. C, III; 17. C, II; 18. C, II; 19. A, II

图表1.7 评估练习测试

第二章

创造课堂提问的理想环境

有些课堂环境不利于学生提问和回答问题。在此类课堂中，学生须严格遵守师训，沉默和条理是最为显著的特征，冷冷清清的课堂氛围不易于学习者大脑潜力开发。学生上课精神不振，身体疲乏，思维萎缩、不发散。学生虽然能够有意识地表达自己的思想，但永远无法全身心投入到学习过程中。

值得庆幸的是，在另一些课堂中，孩子们个个满脸兴奋，高举着小手，踊跃发言，因为每个孩子都思维活跃、创意迸发。幼小的头脑被激发起来，思维在不断碰撞。当观察者走进这样的课堂时，他（她）通常能发现问答声此起彼伏，且问题通常是由学生自己提出的。这种激情四射的、智力交流频繁的课堂不仅可以改善学生的学习风貌，培养好奇心，还可以激发其实现自我价值的火花。学生对自己的成果引以为自豪，尊重自己和他人的观点，并且期待新的思想体验。这样的课堂反映了艾什顿·华纳的观点——“精力和好奇心是最好的学习伙伴”。

消费者权益倡导者、前总统候选人拉尔夫·纳德清楚地记得他的父亲是如何询问他一天的学习情况的——你学会如何信任了吗？或者你学会如何思考了吗？我们仅希望学生能够学会思考。

在本章，我们对许多热情洋溢的课堂进行了调查，此类课堂有益于激励学生反思性地、诚实地提出和回答问题。此外，我们还对阻碍学生有效问答的习惯做法进行了探讨，因为这些做法常常不利于进行开放的、深思的活动。

消除阻碍批判性思维的障碍

一种培养批判性和创造性问答意愿及能力的方式，是消除阻碍思想自由产出的障碍。在某些情况下，教师必须尝试取消那些在先前以教师为主导课堂中形成的被动行为模式。在其他情况下，教师可能需要向学生提供必要的知识库，学生可以以此为据进行反思性问答。

知识

在学生进行反思性问答之前，他们必须对所研究的话题或问题有一定的事实知识认知积累。换句话说，如果学生对所研究的议题一无所知，他们将不能对该议题进行批判性鉴别，也不会提出创造性的解决方案或观点。例如，在开始主题为热带雨林的新单元的学习时，老师可以提出一个高水平的、培养批判性思维的问题来进行课堂导入，例如：为什么热带雨林对我们如此重要？这可能是一个可以引起学生好奇和兴趣的较好且必要的问题。然而，如果教师期待学生在新单元学习之初就给出答案，则此导入问题就有些差强人意。许多学生可能对回答此问题的关键点了解不够，所以不能提供多种不同的令人信服的回答。在熟知热带雨林定义、研究热带雨林对氧气供应的作用、探讨树木在日常生活中的用处、讨论砍伐森林的利与弊之后，学生们将更有能力也更愿意回答先前提出的问题，因为此时他们已经形成了对事实的想法、认识和观点。回答引人深思的、思维缜密的问题需要许多技巧，但习得必要的知识基础是整个回答过程的重要的第一步。当然，重要的问题在课文讲解过程中还会提及，学生们可以边学边对问题的答案进行信息补充。

习惯

习惯是阻碍课堂自由问答的另一障碍，钟情于某种特定的做事方式是人的天性，问答方式也不例外。例如，教师包揽了所有的问题的提问（尤其是按照教师用书上的提示问题进行提问），而不让学生相互提问回答问题。虽然教师支持孩子为中心的课堂教学理念，但他们可能会发现自己难以打破控制课堂讨论的习惯。另一个常见的习惯是，教师在提问时，不考虑小组的大小、能力水平、语言能力等因素，向所有分组的学习者以同样的方式提问同一水平的问题。

即使不考虑学生个体的独特性，使用一系列问答技巧也可以改善课堂智力氛围。教师们决定是否有必要将自己从根深蒂固的提问习惯中解放出来是一个长期的、艰难的过程。教师可以用一张座次表来记录哪些学生会被点名，也可以给问题编号，这样有助于记录提问次序。

教师可以通过如下问题检验自己：

◎ 我提问时是否兼顾到了男学生和女学生？

◎ 我提问时是否兼顾到了高分学生和低分学生？

◎ 我提问时是否兼顾到了前排和后排的学生？

同样，学生一旦养成了一种习惯，也很难更改，因为各种文化和个性因素，他们可能会产生消极情绪。所以，通常需要一个富有爱心的老师在问答环节给予他们特别鼓励，使其由一个被动的听众转变成一个积极的参与者。有时候，学生们什么都不回答，课堂沉浸在“震耳欲聋”的沉默中。他们可能知道即使他们保持沉默，老师也会最终把问题的答案和盘托出，这可以让他们摆脱困境，所以他们懒于处理信息，也不能对问题形成深刻理解。

教师可以采用如下策略帮助学生参与课堂：

◎ 组织全班对话题进行头脑风暴。

◎ 让学生两人或三人一组讨论问题。

◎ 适度表扬答对问题的学生。

◎ 鼓励学生即使他们不知道完整答案也要积极发言，告诉他们：每个人都会懂一些知识，但是不可能什么都懂。

态度

阻碍课堂自由问答的最后一个障碍是持否定态度。一段时间后，教师和学生都会形成否定态度，“这绝对行不通”诸如此类的简明的回答与新观点的推行背道而驰。因此，向幼儿提问超出事实问题范围的高水平问题是一种不明智的举动，教师必须主动改变这种否定态度，将“这行不通”改为“我可以尝试一下”。

权威，即谁说了算，是另一个值得考虑的问题。在处理连教师自己也不知道最终答案的开放性问题时，那些将自己视为最高权威的教师就会遇到困难，因为学生主导讨论会让他们感到不安。

教师也要关注学生对权威的态度。许多学生在课堂中表现被动，期待老师给出所有答案，甚至对提出有悖于教师观点的行为会感到困惑。在以学生为中心的课堂中，将会邀请这样的学生就他们自己喜欢的问题提出疑问。

制造课堂自由问答的氛围

正如我们前文所讨论的，教师的目标是帮助学生学习如何解决问题，如何做出决定，如何进行批判性和创造性思考，如何喜欢自己、热爱学习。教师如何组织问题，实施提问策略与这些目标的实现息息相关。由本章的提示部分，我们得知应如何准备和完成各类问题，以激发学生学习兴趣，提高其课堂参与度。

精心设计问题

充分准备有助于确保提问的问题表述清晰、针对性强，词汇难度适合目标学习者水平，而且问题与教学目的相符。提问是一种有效的教学手段，为反思提供了有利的停顿时间，是一种吸引学生注意力的方法，也是对学生理解力的一种可行的检验方式，故提问应融入课堂，成为课堂的一部分。

对于单元和“学习中心”栏目，可以设置一个驱动型的问题，将所有的活动整合成一个有意义的有机整体，例如，“为什么拓荒者进行西部大开发？”这个提问能够让教师和学生在接下来整章的学习过程中集中精力回答这一关键问题。带着明确的目标，教师将不再关注拓荒者的其他无关紧要的活动，这些活动虽然对学生来说可能比较有趣，但对整个知识框架的构建并无显著裨益。类似的，如果学生明确了所考查的问题后，他们在回答书面和口头问题时会有的放矢，也更能理解一个活动与本单元或“学习中心”栏目中其他活动的关系。

此外，在规划开放的批判性或创造性的问题时，教师须时刻牢记避免提问反映其个人世界观、价值观和文化偏好等有预设答案的问题。

教师可以通过回答如下问题来检验自己：

◎ 我是否早已知晓此问题的答案？

◎ 问题的答案是否反映了我的个人信念？

◎ 我能否接受与我预先设想的答案不符但经过认真思考的回答？

提出与教学目的相一致的问题

精心设计的问题是根据学生相对应的认知和情感思维水平而进行排序和措辞的。为培养学生更有效的思维技巧，教师设计的问题应简单易懂，且能够与学生自身经历相联系，不断调整认知或情感目标分类有助于学生集中以某种特定的方式进行思考。图2.1中左栏列出了表述较好的、措辞明确的问题，与之对应的右栏中列出了表达欠佳的、措辞模糊的问题。

问题对比	
具体明确的问题	模棱两可的问题
◎ 你有什么证据支撑你的观点吗？	◎ 你怎么知道的？
◎ 那段音乐勾起你什么样的回忆？	◎ 你喜欢那段音乐吗？
◎ 如何将此理念应用到自己的预算中？	◎ 你对预算了解多少？
◎ 你能说出这两头大象的不同吗？	◎ 你觉得这两头大象怎么样？

等待提问时机

学习批判性和创造性的思维技巧与反思方式需要一定的时间，当然不乏许多学生很快就掌握了这些技巧。遗憾的是，快速学习者正是实施重要实践技巧时那些最健谈的学生，这些学生很快在班上建立起一种范式：教师一提出启发性的问题，这些干劲十足的孩子便争先恐后地欢呼着举手回答，其余学生甚至来不及思考这个问题，或者，他们迟迟不举手以躲避思考和回答问题。为数不多的几个思维敏捷的学生包揽了大部分问题的回答，鉴于他们的能力，倍感欣慰的教师便不断加快学习进度，而其他学生只能被动地干坐着。

给每位学习者时间考虑问题至关重要，教师应鼓励所有学生提出自己的见解和想法，甚至包括那些最沉默寡言的学习者，并且让学生知道，他们每个人都有机会回答问题。

罗致力于等待时间的研究已有数载，他对很多不同的年级进行了大量的实证研究。她发现教师问完问题后，一般不会超过一秒就开始叫学生进行回答，然而，如果教师能够等待至少三秒甚至十秒时，所有的学生就有足够的时间思考问题，给出答案。罗的研究结果发现，如果教师等待三秒钟以上再提问问题，学生给出的答案会更长，也有更多的学生自愿主动回答，不能回答出问题的学生数量也大大减少。

此外，学生对其回答的自信心也提升了，随之增长的还有他们的推断能力。学生提供事实和结论或推论的频率渐渐加快，提问的问题数量也直线上涨。罗还对学生回答完问题后的等待时间进行了研究，并且发现其对学生的参与度至关重要。

三秒钟非常短暂。看一下钟表，观测三秒钟有多长，然后尝试一下十秒钟。因为我们中的大多数人都不习惯课堂沉默，三秒钟对有些人说就是一种煎熬。有时，过了三到十秒的等待时间后，仍然只有零星几个学生举手回答问题。若此种情况发生，请再重复一遍问题，并与那些没有举手的学生进行眼神交流（不要随意改动一个精心设计好的问题，否则学生易把它当作是一个新问题）。停留几秒钟后，如果大多数学生仍然没有举手，则挑选一名已经举手的学生回答问题，然后再让另一个学生回答，这样给正在积极思考的学生争取更多的时间，你将会得到可以让其他学生继续发挥和完善的回答，而不是自问自答。

让不同的学生回答

难度较高的问题通常比较复杂，且不止一个答案，所以可以让不同的学生来回答同一个问题，或让学生详细解释班上其他学生的回答。一个难度较高的问题应有一个或多个高水平的回答，一个高水平的回答须满足如下条件：

◎ 一语中的；

◎ 给出论据、论证；

◎ 合理性；

◎ 独创性（不是对课本上已给出的知识或其他学生的回答做简单重复）。

如果一个学生的答案不完整或你无法理解他的观点，你可以继续与学生探讨或给其一定的提示，例如：

◎ 请举例说明；

◎ 请继续说；

◎ 请详细说明你的观点；

◎ 你回答了第一部分，那么你对……有何见解？

引导“寻根究底”的对话

让学生积极思考、感受和回答书中的思想、议题、事件和人物，教师必须注重使用提问策略，形成类似“寻根究底”而不是“浅尝辄止”的对话。“寻根究底”的对话有助于学生诚实地表达自己的观点，有意义地和同学分享他们的想法和经验。“寻根究底”的对话与成人书友会最为相似，此类群体将讨论的重心放在连贯性和参与者个人反馈上，且每个成员都被邀请参与其中。

另一方面，在“浅尝辄止”的对话中，课堂互动主要是询问学生以确保他们读过书。教师例行公事地提问，学生安守本分地回答，教师由此来判断学生是否已经理解授课内容。虽然诊断学生的理解能力非常有必要，但研究表明，教师在这种机械的评估上所花费的时间比在丰富多彩的体现学生能力的讨论上花费的时间要多得多，而且，这些机械的评估是以牺牲培养学生批判性思维为代价的。

学生主导讨论

抹杀年轻人批判性和创造性思维的最大的元凶之一是教师主导课堂讨论。教师对课堂沉默或慢节奏深感不安，于是他们便一个问题接一个问题地提问，并不停地对学生的问答进行补充，这会让学生感到困惑，学生几乎没有时间思考，也没有时间整合思想。与之相对的是，在以学生为中心的课堂中，教师成为学生“身边的向导”，而不是“讲台上的智者”，是一个真正的引导者而不是无所不知的智者。在这样的课堂中，一个学生提出问题，让另一个学生回答，第三个学生可以对第二个学生的回答进行质疑或补充，老师需要做的仅仅是对所有的参与者进行肯定和表扬，例如：

勒奈：为什么骆驼会有驼峰呢?

教师：有人想回答这个问题吗?

保罗：书上说，骆驼用驼峰储存食品和水。

加菲尔德：我觉得你说的是对的，但有的骆驼只有一个驼峰，那它们在沙漠里肯定没有两个驼峰的骆驼走得远。

保罗：不是这样的。我认为它们只是不同的物种，就像大多数猫长着长长的毛茸茸的尾巴，但马恩岛猫却没有尾巴一样。

教师：你们提出的问题非常有趣，为什么不在网上搜索一下，看看能找到什么？记住找到答案后和大家一起分享。

注重提问公平

当教师提问问题时，应把握重要的一点：不能让学生随意喊出答案，而应该让知道答案的学生举手示意，由被点到名的同学回答问题。尽管许多教师担心这些规定过于严格，且很多老师对学生立即喊出答案倍感欣喜，但这种行为会导致不公平的互动。例如，男孩一般比女孩发言多，即使到了大学阶段，男生也比女生更爱发言，一旦得到教授允许，男生们甚至会支配、打断女生发言。此外，来自特定文化群体的孩子，如越南人，自小就被教育应礼貌、安静，甚至谦让，那些高声喊出答案的学生会让这些孩子“黯然失色”。因此，每位教师不应鼓励学生喊出答案，以确保班上每个学生拥有公平的交流时间。

还有，教师们倾向于让优等生回答问题，且分配给他们更多的时间让他们表达观点。给优等生或某一性别的学生提供更多的回答问题的机会，这是一种偏见，是对某些学生缺乏信心的表现，这不利于创建一个积极的、平等的、安全的学习环境。教师对所有的学生都应充满信心，不偏不倚，这至关重要。

大多数教师致力于公平地对待所有的学生，只是有时他们会不经意地做出看似歧视的行为。实施公平教学，专注和努力必不可少，公平教学是可以实现的。教师们可以准备一个带纸夹的笔记板，上面附一张座次表，提问完一个学生就在其名字后标注一个分数。同样，教师尝试着向所有的学习者提供同样的等待时间，可以将一只手背在身后，伸开五指，一个手指接一个手指慢慢蜷起，一个手指代表一秒钟的等待时间。最后，教师还可以通过邀请一个观察员或观看教学录像重温课堂表现，以保证课堂提问分配公平。

把握夸奖的“度”

在有些情况下，对学习者高度评价是适宜的，例如你讲课的对象是年幼的学生、刚刚度过“语言沉默期”的二语习得者（注：“语言沉默期”是指语言学习者最初保持沉默，积累接受语言的时期）、有特殊需求的儿童或提问的内容是事实性问题或简单的知识回顾（如“杰夫，这只猎鹰的名字叫什么”），但是，当教学目标是培养学生批判性和创造性思维时，教师应慎用高度评价，因为它是高水平思维的绊脚石。

教师对学生的回答给出高度评价（主动接受）的常用语是“完全正确”、“说得太好了”等，诸如此类的赞扬会导致答案雷同，因为学生逐渐以得到老师表扬为目的，而不去听从自己内心，回答出让自己满意的答案。不表扬有助于学生挖掘其自身动机的内在源泉，当教师给出的是一种被动接受的回应，例如，“你说得对，这是解决凯所面临的问题的一个途径”，他会继续思考，班上其他的同学亦会如此。

被动接受策略用在头脑风暴环节也非常有效，如教师这样要求学生时——“给大家一段时间思考这个问题，我想听听每位同学的看法，你们的想法将全部呈现在白板（智能板）上。”等所有学生的回答都被记录下来之后，再开始对学生的答案进行逐个分析，课堂上这种对学生回答不加评论地全盘接受的行为可以将批判性、创造性反思发挥到极致。

持续鼓励提问

我们通过提问获取信息和知识。认识到问题所在，且凝练成一个问题进行提问，需要一种技巧，这种技巧对解决问题至关重要，是批判性思维技巧的延伸。教师有责任鼓励学生提问，帮助他们表达问题，这样才能尽可能地找出答案。这些过程是建立知识库的必经之路，如此以来，学习者可以通过反复查询知识库来关联、解读、吸收新知识。

通过在提问方面的不断练习，学生很快会发现询问是培养批判性思维和解决现实问题的基石，他们也会意识到绝对标准的答案通常并不存在，答案只有优劣而言，没有对错之分。教师应教导学生：

（1）认识问题所在；（2）将发现的问题凝练成一个问题进行提问（例如：我是参加芭蕾班还是钢琴班？我报名参加足球队还是送报员？我喝橙汁还是可乐）；（3）收集所有的必要数据；（4）先给出一个临时可以接受的答案，随着对新数据理解的加深，再对结论进行修改。

最后，倘若学生不再被告知自己的提问是个“愚蠢问题”，学生们会乐于对所有事情进行提问，例如，学生（和其他人一样）提问的问题可能是其对某一篇课文内容的断章取义，也可能是他们唾手可查得的信息。这些问题会浪费宝贵的课堂时间，教师由此而感到挫败也完全能够理解。教师最初的反应可能是对诸如此类的问题置之不理，或告诉学生自己查询答案，或告诉学生“不要跑题”，然而这些反应会对整个班的“开放式问答”有消极作用。教师不但不能恼火，还应该耐心、专业地解答问题，然后再试图对学生提问的目的进行矫正。此时，教师可以询问提问题学生对此问题的看法，或问他此问题与主题的相关性。通常一个貌似不相关的问题却与讨论主题有着千丝万缕的联系，只是学生对这种联系不明确或拿不准，这样的问题体现了教师认可及师生交流的必要性。在此种情况下，回应可以是“你问的问题非常有趣”，“我想和你讨论一下这个问题，咱们在课前、课后或课间休息时面谈怎么样？”

学生提出的问题可以也应该被当作更深层提问、调查和讨论的出发点，教师应告诉学生他们提问的问题可以包罗万象，甚至有些问题可能会稍稍有悖于教科书内容、现行方法及他人（包括教师）的论断，也应鼓励学生对一个论断、惯例或政策的真相或证据进行查证。琼斯和莱希学生撰写“奇思妙想笔记”，在笔记中，学生们将他们平时想到的新观点或新问题记录下来，例如，当学习探险家时，学生可能想知道如果哥伦比亚在北美洲的西海岸登陆会发生怎样的事情。教师也可以设计一个“奇思妙想公告栏”，将学生的想法用卡片记录下来，在公告栏上进行公布，这可能会激发其他学生灵感的火花。

承认知识缺乏

削弱教师威信的头号杀手是学生发现其老师糊弄回答问题。大多数孩子，尤其是年幼的宝宝，认为老师是“万事通”——懂得比他们父母还要多。这对老师来讲，即使是最博学多识的老师，也是一种巨大的负担。当然，没有人可以知晓一切，因此，当教师不知道问题答案时，勇于承认也是非常重要的。这会让学生明白老师也是普通人，也让学生明白教师不知道某些问题的答案，并不说明其能力差，也不会伤害教师自尊。同时，教师应表现出他们对问题非常关心，知道从哪里及如何找到问题答案，且乐于帮助学生们培养同样的技能，这也是非常重要的。

课堂环境检查清单

用如下问题列表检查你的课堂环境是否有利于问答的自由产出。大多数的问题与本书中展示的活动相关，这个问题列表并非面面俱到，但希望抛砖引玉，使你提出更多的反思性问题，以检查自己是否为孩子深入参与问题讨论创造了必要的学习环境。

◎ 我是否创立了一个不具威胁性的环境，并且鼓励所有学生提出他们真正想问的问题？

◎ 我是否提供了足够多的机会，让学生能够和他/她的同学以及和我讨论问题的机会？

◎ 我是否事先向学生提供了足够的事实性信息，为他们的讨论提供知识基础？

◎ 我是否向学生提供具体的建议，指导他们通过规划、组织及实施提问策略来处理信息？

◎ 我是否提供了机会，让学生对遇到的问题或设计的问题从认知和情感两方面均做出反应？

◎ 我是否对提问环节做了规划，以确保我提问的问题清晰，且措辞适合学习者水平？

◎ 我是否有意识地避免主导讨论？

◎ 我是否向许多学生提问以得到更深层次的回答？

◎ 我是否提供了足够长的等待时间，以便让所有的学生有机会认真思考所提问的问题？

◎ 我是否向所有的学习者都提供了均等的机会去回答问题、参与讨论？

◎ 作为老师，我是否就正确的提问方式给学生做了较好的示范？

◎ 我是否乐于尝试课堂组织和教学的新方法？

◎ 我是否愿意承认我不能回答所有问题，并且我是否告诉学生如何找到问题的答案？

第一部分　小结

在第一章中，通过借鉴本杰明·布鲁姆提出的“两分法”，我们探讨了各种可能出现的问题，接下来描述并举例说明了不同层次的提问。认知领域被认为是所有课堂提问的基本框架，情感领域从感觉、情绪和价值等学习必不可缺的角度提供了补充架构。我们从布鲁姆的“认知二分法”的广义视角来分析和培养提问技巧，这种扩展的模型能够帮助教师分析学生的缺点，并利用有关策略帮助学生成功。

此外，我们针对教师不同的教学目标，对其他相关问题进行了探索。教师提问学生一些跟进性的问题，以了解学生真正想要表达的事情；提问暗示性的问题，向学生提供线索；提问聚焦的问题，抓住学习者的注意力；提问探索性的问题，鼓励学生对其回答做出详细的说明而不是只言片语的一带而过。教师应不断提醒自己，要避免在很多课堂中普遍采用的“提问—回答—评价”（IRE）教学模式。虽然实施IRE教学模式的课堂中形成的批判性的讨论水平可能会很高，但风险是，有些教师会给出问题的固定答案。如果一个学生给出的答案与教师的不符或学生和教师的文化背景不同，则这个学生在讨论会上将不会占上风。一般情况下，教师不能完全意识到他们的IRE教学技巧，而记录课堂讨论是自我评估的一个绝佳的方式。

第一章就如何将问题分类法应用于各种不同的课堂情景实践提出了建议，最后给出一个小测试，教师可以以此来判断其是否能够区分两种提问领域（认知领域和情感领域），是否能够识别各个领域的三个层次（第一层次、第二层次和第三层次）。

教师提问恰当的问题，学生会充分参与到讨论中。知识和信息的应用可能并不足以拯救岌岌可危的教育，但却向正确的方向迈出了一大步。山本曾经深思地说道：“每棵树都以它们的果实为荣……我们不能期望从荆棘里采集或收集无花果。”同样的，如果仅仅鼓励低水平的、事实性问题的提问，我们就只能培养被动的学习者。另一方面，如果我们让学生们参与回答批判性和创造性的问题，我们敦促他们认真思考，形成他们自己的观点和思想，这样就有助于他们提高综合能力，寻求自己的人生认同感。

活跃的课堂气氛可以使孩子们欣然参与到问答自由的讨论中，这有利于思想交流。在第二章，我们对如何创立这样一个课堂环境的种种因素进行了探讨。

保持积极的课堂环境的一个重要环节是强化问答的自由，这意味着学生可以自由地提出一系列各种各样的问题，可以提出任何他们感兴趣的问题。这意味着教师接受学生们的感觉和思想，并且偶尔也会认同他们提出的不相关的问题。这也意味着教师认真听取学生们的发言，并且热心地和学生们并肩作战，一起解决问题。此种自由的环境也可以用其他的方式来建构，但是无论如何，这种环境总能让教师和学生接受和尊重彼此的观点。

最后，一个自由的提问环境也显示了教师和学生之间的相互信任。教师足够信任学生，从而开展许多以学生为中心的讨论；学生足够信任老师，这让他们充分参与到讨论中。

然而，教师和学生都应该充满自信地承认，他们不可能知道所有问题的所有答案，但是他们都非常乐于分享在探索过程中的知识积累。在这样的课堂里，不存在愚蠢的问题。事实上，如此以来提问问题的水平会大幅度提升。教师作为课堂中实施高效提问的榜样，应不断鼓励每一个学生进行批判性和创造性思维。

第二部分

提问策略

Questioning Strategies

在促进高阶思维和批判性思维方面——问题设计即使不是最重要的，也是一个重要的因素。无论是在思维层面还是在情感方面，都需要对问题进行精心设计。作为教师，你所提的问题、所用的措辞以及问题的排序方式都会强烈地影响到学生回答的质量、意义和准确性，以及学生怎么运用这些结论。

善于提问是一项需要学习的重要技能，但却是不容易做到的。发现问题的多个方面，运用许多的提问策略，以及你在其中所扮演的角色都需要时间与实践，但这些时间花得很值，因为这会有利于学生具备批判性思维，使他们终生受益。

人们常常忽视提问问题的一个丰富源泉——学生，所有的讨论都应以学生为中心，给所有孩子自由表达他们思想和观点的机会。然而在现实中，教师总是在滔滔不绝地说话与提问，这是很不可取的。当教师不断地鼓励学生，要求他们提高提出批判性和创新性问题的能力时；当教师给予学生很多机会与其他同学一起来讨论所提出的问题，并从他们所获取的信息中得出自己的结论时，学生们的思维水平就会大大地提高。

科恩·博莱斯提出了一些令人信服的证据支持学生提问：

◎ 可以鼓励所有的学生问一些具有创造性或批判性的问题。

◎ 在某一时期，一个学生提问的问题越多，他提问问题的水平就可能越高。

◎ 在鼓励学生自己提问问题的课堂里，学生会更积极地参与其中。

为了能提出问题，学生们必须积极地思考并仔细阅读文本。他们会提出自己的“读前问题”，即在阅读之前提出的问题，自己决定选择什么内容来阅读以及想要从中学到些什么，这使学生有机会自己设定自己的阅读目标。

自我发现问题有助于学生增强他们的认同感，并提高他们的积极性。显而易见，在设定阅读目标和验证生活经历的时候，通过鼓励孩子们的积极参与以及让孩子们亲身体验，自我提问可以提高领悟力和理解力。最后，教孩子们如何构建自己的问题，这样可以大大提高对叙事性和说明性材料的记忆。

在接下来的章节中，我们将介绍一些经教师验证的提问策略。在第三章和第四章中我们会回答“我怎样做好提问策略的示范，以更好地帮助学生具有批判性思维”这一命题。重要的是，弄清每一项策略使用的基本原则以及了解如何在真实的课堂情境下使用这种策略，为此，我们精选了具有示范性的策略，并用这些策略进行有效提问，旨在向儿童展示如何在情感和认知领域里培养其批判性的思维能力。

在第五章和第六章中，将探讨一些可以用来促进学生自我提问的策略。每项策略的目标就是帮助孩子在阅读和反思时，更加具备批判性和创造性的思维，帮助学生更娴熟地为阅读和体验设定合理的目标与预期。相对于那些更加传统的、以教师为主导的阅读和学习活动，这些策略令人耳目一新。

这些章节的重点是放在学生独立性的培养上。当孩子在必要时能够独立地使用这些提问策略，那么这些策略真正的力量将会显现出来。因此，当教授这些重要策略时，让孩子们知道他们阅读理解能力提高了多少，这一点很重要。在各种的学习条件之下，孩子们有很多机会来使用这些策略，那么，他们就很容易地把这些策略内化成自己的东西，这样学生就会逐渐变得善于进行批判性思考与阅读了。

所有的策略都是按照统一的形式来展开：基本原则、总体描述，以及在真实课堂情境下运用策略的实例。在许多情况下，我们会提供相关的信息表或活动表。

在第七章中，我们将探讨如何使用提问策略，如何在教育内容方面上面引导孩子进行批判性和创造性的思维。

提问策略的使用指南

在课堂使用提问策略之前，教师会发现以下的指导原则是有帮助的。

◎ 策略的使用是以学生的需求为基础的，尽管这些策略都是经过了教师的检验，能激发学生的积极性，但是不要不加选择地使用它们。学生会通过自己的经验获得很多行之有效的阅读与思维策略，他们不需要问与答的具体指导。只有当教师课上观察到特定的提问技巧能促进学生意义建构时，才会运用该提问策略。

◎ 在真实的教学体验情境下运用提问策略。纵观历史，在使用策略时，教师们往往令人遗憾地把策略当成一些孤立的技巧，使之被动地接受，最终导致失败。当你（1）从综合课程中选择激发学习兴趣的生活经历和阅读材料，并把提问策略运用到其中时；（2）把这些材料当作媒介，示范提问策略时；（3）找到其他合适的阅读材料和生活经历，让学生来练习提问策略时，一个真实的教学体验就开始了。

◎ 一次只介绍一种提问策略。为了把提问策略讲解透彻，重要的是通过实践和各种真实的阅读与学习体验，不断地强化这些策略。通常，对孩子们来说，任何新策略的运用在充分内化之前都是困难的，一次大量地练习一种策略才是成功的关键。

◎ 采用“支架式教学理论”介绍策略，清楚策略的每个步骤。在另一种情况下使用这一策略时，要少给线索，少给提示，让学生回忆在类似情况下他们做过的事情。

◎ 确保每个学生成功地运用策略，“一顺百顺，一通百通”。如果孩子们有很多机会分享他们是如何有效地使用这些提问策略，并且如果教师能指出他们的成功之处，那么孩子们在使用这些策略时就会感受到成功的喜悦。

◎ 把策略与学生们的日常生活联系在一起，让学生们举他们自己身边的例子，要求学生把已有的知识和技能应用在新的情况里。

◎ 尽量把提问策略的责任转给学生。在大多数的提问策略里，教师必须首先示范如何把策略运用到阅读材料和真实生活中。只要学生对策略的使用得心应手，教师就应该淡出，让学生之间互相示范，最终能够独立地使用该策略。然而，如果需要重新介绍该策略并提供指导性练习时，那么，显而易见是需要教师的更多示范，但尽管如此，也应尽快地让学生自己承担责任。

第三章

低年级教师的提问策略

许多教育工作者似乎仍然认为批判性思维，以及提问和回答高阶问题是针对于四年级以上孩子的，这大错特错！现实情况是，学生越早有意识地运用多种思维方式来思考，在成年时他们将越能自由地运用多种方式来看待这个世界。

如果不要求书面回答，本章所提供的策略甚至可以教导幼儿园年龄段的孩子们。只要学生具备了回答问题的书面能力或是教师可以口头提问，并让学生口头回答，那么以书面形式回答的策略也可以使用。虽然这些建议是针对于低年级学生的，但是这些策略也同样适合高年级的学生，尤其是那些以前几乎没有进行过批判性思维的学生。

知识图策略

基本原则

教师利用引导性的问题向学生展示如何运用他们的背景知识，然后，通过把新知识写进一个图表里，帮助学生确定特定主题的新知识。由奥格尔开发的知识图策略可以在阅读或倾听选段之前和之后使用，但是所选的段落需包含真实的信息。做该活动时，学生更容易记住并回忆文本信息，因为它激活了他们的主题图式或者预期框架，并提供空格来记录新想法。此外，当运用这种技巧时，学生参与的积极性和学习热情也都会提高。

总体描述

在白板上写下五栏，栏目的标题如下：知识、问题、新知识、研究和反馈（中年级及以上的学生可以填写自己的活动表，见图3.1）。选择一个主题，然后让学生列出关于该主题他们知道的一切，请学生提问有关该主题的问题，把这些问题作为读或听的指导目标。接下来，教师给学生朗读所选的有关主题资料，然后在第三栏里记录他们在读完或听完课本或段落之后，关于该主题所学到的内容（对此主题感兴趣的学生可以对那些还没有回答的问题做进一步的研究）。有时第五栏用来记录学到的一些特别有趣、不同寻常的，或意想不到的收获。以提纲的形式，该流程如下：

1. 知识。问学生："关于（主题），你们知道什么？"在第一栏里，记下所有的回答。

2. 问题。问学生："有关（主题），你们想知道什么？"在第二栏里，记下学生的回答。

3. 新的知识。读完有关主题之后，问学生："有关（主题），你们学到了什么？"让学生修改之前，在第一栏中列出知识，回答第二栏的问题，并在第三栏里，列出在阅读之前没有想到的新内容。

4. 研究。把在第二栏里学生提出来的但还没有回答的问题布置给感兴趣想要做进一步调查和研究的学生，并在第四栏中记录他们所给的回答。

5. 反馈。提问的问题是能让学生说出个人的看法和评价，比如："这个故事是如何改变你们对（主题）的感受或想法的？"在第五栏里，记下学生的回答。

实例运用

在读《笑翠鸟》之前，教师问她教的小学二年级的学生："你们知道笑翠鸟吗？"在知识图的第一栏里，记下学生的回答：

◎ 这是一种动物。

◎ 在动物园里可以看到。

◎ 它们把家安在桉树上。

◎ 有一首关于它们的歌。

接下来，教师问："你们还想知道有关笑翠鸟的其他事情吗？"在知识图的第二栏里，写下学生们的回答：

◎ 它们吃什么？

◎ 它们生活在哪里？

◎ 它们友好吗？

◎ 它们属于哪种动物？

◎ 它们有皮毛吗？

◎ 它们的天敌是谁？

◎ 能把它们当宠物养吗？

知识图				
姓名：莎拉，查尔斯，约瑟			日期：10月25日	
主题：海马				
知识	问题	新知识	研究	反应
关于海马，你们知道些什么？ 海马，并不是真的马。 它们生活在海里。 它们是鱼。 它们有弯曲的尾巴。 它们可卷附在海藻上。 它们长得非常小。 它们不属于群游动物。	关于海马你们想知道什么？ 在哪里能找到它们？ 它们吃什么？ 它们濒临灭绝了吗？ 可以把它们当作宠物来养吗？ 它们的天敌是什么？ 它们生来就有不同的颜色吗？	读了有关海马的内容之后，你们有什么发现？ 雄性海马生小海马并照顾它们。 它们的两只眼睛可以独立活动，互不干扰地看东西。 它们生活在珊瑚礁、海草床和红树林中。 它们的有35种不同的种类。 它们濒临灭绝。	关于海马你们还想知道些什么？ 它们繁衍后代时是胎生的吗？ 我们应该做些什么使它们免于灭绝？ 我们怎样才能净化它们的栖息地？ 如果雄性海马生小海马，那么实际上它们还是雄性的吗？ 它们可以活多长时间？	关于海马，你们现在有什么样的想法和感受？ 我对它们感觉更加好奇了。 对于它们正在不断地失去它们的栖息地，我感到很难过。 我们准备给总统写封信，请求他阻止污染海马所居住和赖以生存的海域。

知识	问题	新知识	研究	反应
		在很多国家，它们被用来食用、入药和做装饰品。 污染正在破坏海马的栖息地。 它们的天敌有大鱼、蟹类和水鸟。		

图3.1　知识图活动表是学习海马主题的五年级学生填写的

然后，教师回顾了学生提问的问题，并让他们阅读下面的段落，看看是否能找到他们所问的问题答案：

笑翠鸟住在澳大利亚，在森林里过着群居的生活。笑翠鸟很友好，它们接受人类的食物，有时甚至敲打窗户乞求人们喂它们食物。笑翠鸟吃昆虫、蟹、鱼和小型鸟类，它们也以扑食蛇类著称。

读完之后，教师让学生们重新再看知识图，看看对笑翠鸟之前的理解有没有改变（没有），然后问他们关于笑翠鸟的每个问题是否都找到答案了（有三个已经回答了，而其他几个问题学生可以从这篇文章的内容推断出来）。

当学生们读完这篇文章之后，这时教师让他们分享一些他们刚刚学到的关于笑翠鸟的全新信息，并在知识图的第三栏里列出他们的回答：

◎ 它们是有名的食蛇高手。

◎ 它们向人类乞食。

◎ 它们群居。

学生之前提问的几个问题，至少有两个没有回答，一组感兴趣的学生通过上网或者去图书馆搜索在知识图中的问题答案，问题如下：

◎ 它们是何种动物？

◎ 它们有皮毛吗？

◎ 它们的天敌是谁？

◎ 能把它们当宠物养吗？

最后，为了了解学生对文章的反馈，教师会问："读完这一段之后，你对笑翠鸟的想法或感受发生了怎样的改变？"在图表的第五栏里，写下学生的反馈：

◎ 以前，我听过"笑翠鸟"这首歌，而我一直在想知道它是什么。

◎ 现在，我知道它是一种有趣的动物。

◎ 我想阅读更多关于笑翠鸟的书！

◎ 从阅读中，我发现澳大利亚一定是个神奇的地方。

◎ 我想有一天去那里看看。

◎ 我想去动物园，看看是否有真正的笑翠鸟。

◎ 我过去认为笑翠鸟只是一个奇怪的词，现在，我可以想象它是什么样子的。

相关信息

对于教师来说，使用知识图策略只限于包含真实信息或是说明性文章的书，这一点是很重要的，例如，阅读《金发姑娘和三只熊》这样的叙事性文章，关于熊的信息，即使有的话，儿童也只是仅仅获得很少的准确信息。然而，一些小说作品或叙事文本，也以一种让人接受的形式，包含着真实的信息，例如，在读《秘密花园》时，孩子们可以了解有关英国荒原的很多知识。因此，在选择一个话题作为知识图的主题之前，教师必须熟悉阅读材料并确定它能提供准确而真实的信息。

启发式问答法

基本原则

当要求学生写读后感或对话日记时，教师常常感到失望，因为学生对故事或文章缺乏个性化的理解。学生经常鹦鹉学舌、人云亦云，而不是对故事里发生的事情做出自己的回应，例如，一个学生可能写“莱斯利过河时，把头撞到了一块石头上”，而不会写“莱斯利死了，我觉得我失去了一个朋友，这让我想起祖母去世的时候，使我悲伤、孤独的感觉”。通过给学生示范一些相应的、适合学生提问的批判性问题，教师可以鼓励学生对文本有更深入、更个性化的回答。由布莱西提出的“启发式问答法”给学生提供了一种用来分析自己想法和感受的方法，帮助他们在阅读时，培养会提问题的习惯。

总体描述

这种提问策略包括三部分：看法、感受和联想。以刚刚读过的一个故事为范例或通过学生自己介绍该策略都是很有用的方法。然后，学生对每个提问的部分给出自己个性化的回答：(1)看法(书中什么是重要的);(2)感受(故事让你感觉如何);(3)联想(故事让你们想起了曾经经历过的什么事情)。

最初由教师示范和分享使用该技巧的阅读体验，之后，学生可以通过填写活动表(见图3.2)记下自己的感受。鼓励学生分享他们的感受，并告诉学生对相同的材料可以有很多不一样的“正确”看法。

实例运用

在一个三年级的课堂上，学生们听教师讲杰夫·布蓝波写的《拼被人送的礼物》，是一个关于一个国王虽然很富有，但不快乐的故事。下面是一名学生对该故事的看法和感受：

看法

教师：书中讲的什么是最重要的?

学生：国王有很多很多的财富，但他并不拥有他的王国里的所有美好的东西——他不能拥有拼被，她只愿意把她的被子送给穷人，说什么也不愿意送给国王一床拼被。

感受

教师：你们对这个故事有何感受?

学生：我很满意故事的结局，但是当故事讲到一半时，我很担心拼被人。我也惊讶地发现当国王把东西一点点送给别人后，他真的变得快乐无比。我还记得，当我把一些玩具和书籍送给表弟时的感受。起初，我并不愿意给他，但当我看到他是那么的幸福，我也感到很快乐。

知识图
姓名：克劳迪娅　　日期：12月10日 主题：拉蒙纳·昆比，8 岁；由贝弗莉·克利里著
1. 这本书中最重要的是什么？ 拉蒙纳不得不去做许多以前从来没做过的事情，她试着变得勇敢，但是这对她来说很难。 2. 对这个故事，你有什么样的感受？ 对于拉蒙纳的烦恼，我感到很难过，而且，她也不得不将就她四岁的小妹妹，但是当一位老人告诉拉蒙纳有一个很温馨的家时，我为她感到骄傲和高兴。 3. 这个故事使你想起以前的什么经历？ 当妈妈必须去工作时，我们几个就不得不待在一起。我不喜欢放学回家的时候，妈妈总是不在家，所以我能理解拉蒙纳的感受。

图3.2　中年级的学生可以填写他们自己的启发式问答法活动表

联想

教师：故事让你们想起了曾经经历过的什么事情吗？

学生：虽然我把一些玩具送给了表弟，但是妈妈仍觉得我们的玩具太多了，于是她提议，我们每收到一个新玩具，就必须把其中的一个旧玩具送给别人，但我们可以决定谁能得到我们的玩具。哥哥和我决定把玩具送到收容所，因为一想起那里的孩子，我就很难过，我希望玩具能让他们开心点。

概念形成策略

基本原则

概念为不同学科领域奠定了基石，“概念形成策略”为学生提供了一个强大的工具来理解和应用信息。“概念形成策略”是指把两个或两个以上的对象、事物或思想组合在一起，而组合的基础就是它们至少有一个共同点。让学生一起搜集具有共同属性的事物——进行分类，帮助他们学会识别事物的重要特征。“概念形成策略”是获得概念的第一步——即具有区别事物显著特征的能力，并能分清范例（examples）和非范例（non-examples）。

总体描述

为了在课堂上介绍“概念形成策略”，给学生提供很多不同的事物，让他们确定这些事物的属性，然后让他们根据事物的一个或多个共同属性，对其进行分组。该策略遵循以下所述的三个步骤：

（1）列表。给学生列出一组事物，然后让学生识别。

（2）分组。让学生根据不同的属性给事物分类，学生可能根据不同的属性来组合、重组同一事物。通过分组和重组，学生的观察能力得到提高，这会让他们注意更多的细节。

（3）标签。要求学生给每一种属性或类别起个名字。

实例运用

在使用该策略时，给学生一些单词，这些单词是教师期望学生在测试中学习、记住和背诵的。不是让学生通过写单词，做完形填空搜索单词，做填字游戏来学单词，而是教师介绍“概念形成”这一策略。

首先，教师把卡片发给每个小组，每组有3~4名学生。给每组发一套相同的单词，每个卡上写有一个单词。小组成员都把卡片铺开并朗读上面全部的单词：昂贵、任何、可爱、故事、聚会、便士、携带、猴子、城市、非常、生气、愚笨、丑陋、狡猾的、温暖、茶、蜂。

教师：来看这些单词。你们小组找出某些属性或特征来给这些单词分类，把具有某一属性或特征的单词放在一组，例如，我可能会把携带（carry）和城市（city）这两个单词放在一起，因为它们都是以字母c开头的。

珍妮：我们组把单词分为两组。第一组的单词有“任何”、“生气”、“蜂”、“携带”、“城市”、“愚笨”、“可爱”、和“猴子”，第二组的单词有“故事、”、“聚会”、“便士”、“非常”、“丑陋”、“狡猾的”、“温暖”和“茶”。

贾巴尔：我们组把单词分成五组。一组有“昂贵”、“任何”、“政党”，“携带”和“生气”，二组有“可爱”、“故事”、“猴子”、“愚笨”和“温暖”，三组有“便士”、“蜂”和“茶”，四组有“城市”和“狡猾的”，以及五组是“丑陋”。

教师：现在，你们给每组单词起一个名字。如，我给我的例子起名为“以字母c开头的单词”。

珍妮：我们组的单词，一组的单词是以字母表上半部分字母开头的，另一组单词是以字母表后半部分字母开头的。

贾巴尔：我们单词的分组是通过该英语单词的第一个元音来分的，我们把所有发元音a的英语单词放在一组，然后是元音o、e、i和u各一组。

教师：让我们看看有没有别的单词分组的方法，把所有的卡片放在一起，并重新分组。

格洛莉娅：我们按照单词音节的数量给单词分组：一个音节——“蜂”和“茶”，两个音节的——“昂贵”、“任何”、“可爱”、“故事”、“聚会”、“便士”、“携带”、“猴子”、“城市”、“非常”、“生气”、“愚笨”和“丑陋”，三个音节——“狡猾的”。

荷西：我们根据单词在句中的使用方式来给单词重新分组的，名词“故事”、“聚会”、“硬币”、“猴子”、“茶”、“蜂”和“城市”为一组。“携带”是一个动词，而描述的词语是“昂贵”、“任何”、“可爱”、“非常”、“生气”、“愚笨”、“丑陋”和“狡猾的”。

教师：你们怎么看今天不同的单词组合？

提基：我注意到单词更多的细节和模式，组合单词是一个有趣的方法。

莫妮卡：我甚至想到更多的分组，我喜欢这些单词。

教师：你们能想到其他什么时候可能会使用这个策略来学习单词？

伊莱：当学习一些关于社会科学的新词时，我们可以看看那些单词是否也和我们正在学习的这些单词一样。

玛丽：如果阅读一本新书或者故事时，我们可以把一些新词写下来，看看这些词是否也和我们拼写的一些单词相似。

“两极对立”策略

基本原则

这种提问活动完美地帮助了学生把文本的角色当成真实的人物。根据不同年级学生的水平，通过让他们使用三级、五级或七级量表来评估角色的各种特征（年龄小的孩子从三个选项中选一项都是相当困难的，年龄大的孩子则能判断单词意义在五级或七级上更多的细微差别）。要求学生解释他们为什么这样回答，这种训练是非常有利于培养学生的批判性思维的。换句话说，如果学生评价人物是“慷慨”，而不是“节俭”，教师就会问他们为什么这么认为，这样他们就会有选择地引用读过的内容当论据来支持他们的观点。

总体描述

为了实施“两极对立”策略，可以从故事中选出一个学生们都很熟悉的人物，并列出这个人物的性格特征。然后，找出每个性格特征的对立面，例如，如果某一人物特征是安静、体贴、喜欢独处，你就可能在图表的一侧写上“孤独者”、“安静的”、“体贴的”，而在图表的另一侧可能写有“言语风趣的”、“嘈杂的”、“不顾及别人的”。每对反义词之间有三五个或七个连续的空（见图3.3）。学生（无论是一个群体或个人）必须决定每个人物应选择哪个空，然后读故事或文章，并针对于每个人物提问学生如下的问题：“你们认为（人物）填在这个角色图的哪个空里合适？”“你们为什么会这样认为？”“在这个故事里，你们支持的观点是什么？”

实例运用

一位三年级教师给学生读辛西娅·赖蓝特写的《玛姬小姐》，这本书是关于一个叫纳特的小男孩的，他听人说过这个住在他家木屋的独居老妇人的故事，除了其他可怕的东西以外，还养着一条又长又大的黑蛇，与她一起生活。一开始，纳特怕极了玛姬小姐，他会从她的窗户往里面看，接着就跑开了。有一天，当发现她陷入麻烦时，他最终战胜了恐惧。那是隆冬季节，她家里没有暖气，纳特发现她坐在小屋的地板上，手里抓着一只死去的八哥。于是，他跑回家找人来帮助她，纳特家人开始照顾玛姬小姐，带她一起去郊游。最后，纳特与玛姬小姐建立了一种特别的、互相关爱的关系。

在阅读之后，活动表（见图3.3）由学生来填写。

“两极”对立表
姓名：华，杰瑞德，迈克尔，埃米莉　　日期：3月22日 主题：玛姬小姐
你觉得 纳特 在哪些方面适合这个图表的哪个特征？为什么？ 1. 勇敢___ ___ ___ X ___可怕 我们认为，当纳特第一次去玛姬小姐的屋子时，他很害怕，但是他后来克服了自己的恐惧。

2. 小心的____ ____ ____ X ____爱冒险的

纳特是非常小心谨慎的，虽然走进玛姬小姐的家，但是他的心仍怦怦直跳，我们认为他不喜欢探险。

3. 明智的____ ____ ____ ____ X 愚蠢的

纳特很愚蠢，尽管关于玛姬小姐的那些传言都是假的，但他却相信了。不过，后来他很明智地改变了自己的看法并去关心她。

4. 高兴的____ ____ ____ X ____难过的

不曾看到纳特大笑或者开心，但是他似乎也没有不开心。

5. 慷慨的____ ____ X ____ ____贪婪的

特纳很大方，他与玛姬小姐分享家人以及他们的关爱。

6. 领导者____ ____ ____ ____ X 追随者

纳特不应该太听信别人，不然他本可以早一些和玛姬小姐做好朋友。

图3.3 这份“两极对立”策略的活动表是学生读完《玛姬小姐》这本书之后，由一部分学生填写的。教师采用的是五级量表，让学生进行选择

观点与观察策略

基本原则

阅读叙事性文章的一个重要技巧就是能够找准故事的切入点。历史学家追求事件的客观性，不考虑个人的观点。科学家通常有研究重点，例如，教育家可能从行为、认知、发展或人文的视角来研究和写作。当学习艺术时，学生们需要从艺术创造和艺术欣赏的视角进行思考，年龄小的孩子需要用具体的经历帮助他们打下理解观点的基础。

第三章
低年级教师的提问策略

总体描述

该策略使用的过程如下：

1. 向学生解释空间邻近、距离遥远和价值观念都可能影响或改变他们所看到的事物，教师要向他们展示的策略是可以用来帮助他们理解观点的。

2. 选择一个事物（或事件），让学生去观察（当不是课间休息的时候）可以在操场外面开始，这样能消除过多的干扰。

3. 把选好的物品放在从任何位置都不能轻易观察到的地方（例如，放在沙箱后面，自行车架的旁边），确保学生之前没有看见物品放置的地方。

4. 当学生都到齐的时候，指出物品放置的位置。

5. 让学生从不同距离描述他们所看到的（例如，100英尺 [30米]、50英尺 [15米]、10英尺 [3米]、2英尺[61厘米]）。

6. 以班级为单位，讨论距离是如何改变看待事物的方式。

可重复练习（1）使用不同的物品，（2）从不同的角度观察（例如，围着物品转圈）。

实例运用

在教室里，教师设计了一种情景，发起下面的讨论：

教师：今天我们养的宠物仓鼠从笼子里跑出来，谁坐在笼子旁，观察一下发生了什么事?

杰米：笼子门是开着的，仓鼠从门里爬出来，然后爬下橱柜。

约翰：它在我的脚上，真有趣。

教师：你观察到“有趣”了？

约翰：哦，它跑到我的脚上了。

教师：杰米和约翰是靠近仓鼠坐的，有没有别的同学看到了什么吗？

玛丽亚：我什么也看不见，但听到大家说话，看到他们走动，却不知道发生了什么事情。

教师：请同学们把你们所观察到的——看到的或听到的，画成一幅画。给你们几分钟时间来画画，然后把你们画的画举起来给大家看看。

教师（当每个学生都展示完他或她的画之后）：你们注意别人画了什么？

埃米尔：那些离笼子最近的同学像约翰和杰米，他们的画画得很具体。

曼尼：离笼子远的人画的画就不太具体。

教师：你们觉得这些画为什么会有这么大的差别？

艾米尔：离笼子近的人能看到发生了什么。

教师：你说得对，画得不一样的另一个原因可能是因为有些人比其他人更喜欢动物，想把更多的信息画在画上。因而，有时我们对某一事物或事件了解得更多，可能是因为我们距离更近，或者与其他人相比我们对所发生的事情有自己更好的看法。有时，我们对某一事物的喜好与否，也可能会让我们有不同的看法……到目前为止，我们已用画画展示了我们所看见的。那么，如何用语言来描述我们所看到的呢？当对所看到的事物很确定和不太确定时，我们需要使用不同的词。当我们不确定时，我们会使用什么样的词语，你们能否举一些例子？

乔治：当不确定时，我们可以这样说："我想我看到……也许……或者它可能是……"

教师：你们能举一些例子是当我们确定时使用的词语吗？

丽塔：我们可以这样说，"我看到五个……或者我听过这个……或者我数到十……"

多样化回答策略

基本原则

多样化回答策略是以学生为主导讨论的逻辑先导，但是很难有效地利用学生的讨论，因为年纪小的孩子并不总是拥有必要的辩论行为或技巧。通过使用"多样化回答策略"，教师巧妙地影响学生越来越多地承担倾听对方和改变模式化回答的责任。此外，通过提出发散性或批判性的问题，加上使用多样化回答策略，教师有难得的机会：（1）分析所回答的类型；（2）给每个学习者的回答做出定性的评价。

总体描述

当使用"多样化回答策略"时，至少有三或四名学生回答同一个问题。让更多的学生回答问题的关键就是问具有发散性的（有创意的）或评价性的（批判性的）问题，或是一个开放式的问题。通过这样做，可预言会有很多的回答是不会重复的。此外，不要对何为正确答案有一个先入为主的想法。该策略进展如下：

1. 想出一个发散性或评价性的问题。

2. 给学生提出这个问题。

3. 给学习者足够的时间（至少三秒钟）思考问题，阐明问题，举手回答。

4. 让三或四名学生回答，把学生的回答写在白板上，给他们提供视觉的提示和肯定。在回答问题时，给学生三秒钟的等待时间。

5. 提醒学生仔细聆听其他同学的回答，这样他们就不会再重复之前已经给出的回答了。但是学生可以通过提供更多的细节，举出详细的例子，提供支撑的材料，或举出另外的例子来丰富其他学生的答案。

6. 学生回答完问题之后，要对他们的回答给予肯定。例如，对一名学生说他的回答是最完整的，对另一名学生说他的回答是最有创意的，而对另一名学生说他的回答给出了原因和例子。

实例运用

二年级教师通过使用“多样化回答策略”来鼓励学生，当他们思考一个批判性思维的问题时，要互相倾听。

教师：今天，我要尝试一些新方法，问一个问题，我会等一会儿，让大家思考，然后叫你们当中的四名同学来回答。大家要仔细地听好，这个问题我不会再重复，同时，需要仔细倾听其他同学的回答，这样就不会重复他们已经说过的内容（找一名学生把要求解释了一遍，确保每个人都理解）。我们开始吧（事先从探讨视力的单元提问一个问题）。你们认为为什么有两只眼睛，而不是只有一只眼睛呢？（停顿）荷西、吉娜、克丽茜和华。

荷西：嗯，我们有两个手臂和两条腿，甚至两个眉毛。我认为只有一只眼睛，看起来会很傻（教师点头，微微一笑，转向没有发表评论的吉娜）。

吉娜：是的，但是我们只有一个鼻子和一张嘴巴，我们习惯了长这个样子，如果我们长两个嘴巴会怎样（其他学生大笑，教师点点头并转向克丽茜）。

克丽茜：因为上帝造人把我们造成了现在这个样子，这是唯一的原因。

华：也许上帝让我们长两只眼睛，是为了以防万一，防止其中一只眼睛看不见。我的叔叔的一只眼睛就是瞎的，如果他没有另外一只眼睛，他什么也看不到。

教师：这些都是有趣的想法，让我们去图书馆看看，关于视力我们可以有什么发现。我查查百科全书，格雷希拉，你在网上查查，雅克，试着找一本关于眼睛和视力的书。

交互式教学法

基本原则

交互式教学是由帕林萨和布朗提出的一种鼓励学生在阅读的过程中监控自己理解程度的教学方法，该教学法还鼓励学生主动建构文本意义。在阅读解释性文本时，成功的阅读者经常停下来确定什么问题已经回答了，阅读中又出现了什么新问题，纵然这些问题是不经意间和下意识问的。交互式教学法指导学生通过阅读找到问题的答案，而在阅读中往往又发现新问题。斯波勒、布朗斯坦和凯斯切科在两人组和多人组里使用交互式教学法，并与传统的阅读方法比较学生的成绩。学生使用预测、提问、澄清和小结四种具体的策略，参加交互式教学小组的学生在标准化阅读测试中其成绩均有显著的提升。皮隆伊塔和玛蒂娜专门针对低年级学生改编了交互式教学法，进行了24周的研究，对该研究描述如下：

总体描述

在交互式教学期间，先给学生示范一下教学活动，然后让学生自己尝试同样的活动。根据学生的表现给出他们不同的反馈，具体来说，教学流程的大纲如下：

第一部分：介绍个人策略

读前活动：

（1）展示图片：把图片展示给学生看。

（2）对内容做出预测。

（3）设定学习目标（我们试着发现什么）。

在阅读中：

（1）和学生一起大声朗读一段解释性的文本。

（2）提问一个与文本相关的重要问题——关注几个关键问题（“做什么”、“去哪里”、“为什么”、“谁做的”、“如何做”）。

（3）给学生多次示范这种问题提问的过程。

阅读后：

（1）澄清文本内容。

（2）把文本中最重要的部分视觉化。

第二部分：鱼缸式教学法

选出七名学生进行阅读示范，给每名学生一张线索卡（根据下面的操作，线索包括：图片展示、预测、目标、澄清、提出问题、视觉化及小结），让余下的学生观察教师给予这七名学生的指导，所采用的步骤如下：

（1）负责图片展示的学生告诉其他学生展示图片。

（2）负责预测的学生向小组询问预测的建议，利用小组的反馈做出自己的预测，并与整个小组分享。

（3）负责阅读目标的学生向小组询问对阅读目标的建议，利用这些建议制定目标，并与整个小组分享。

（4）和好友一起读，并与全班一起读。

（5）“澄清者”给出两个难读或难理解的单词。

（6）“提问者”向小组提出问题，根据建议设计两个问题，并向小组提问。

（7）“视觉化者”选出最重要的部分，形象地展示并与大家分享。

（8）“总结者”把所选的内容总结成较短的一段。

展示过程中，肯定正确的回答，提出探索性的问题，一般来说，教师应该给这七名学生反馈的意见。

第三部分：小组到教师

学生们可以问教师问题（互动）。

把每一名参与过“鱼缸式教学”的学生指定为小组的组长，让每个组都按照第二部分所述的过程来进行。与此同时，根据需要，让同学轮流当组长，并给他们提供线索提示，让学生在同一个角色中多扮演几轮，以保证足够的练习和良好的效果。

第四部分：独立小组

让学生通过扮演不同的角色来进行交互式学习。

第五部分：写作——个人的责任

皮隆伊塔和玛蒂娜把这一部分当作是可选的，在所有这些活动中，与学生一起，从四个主要的批判性思维策略中选出：(1) 总结已读的内容；(2) 预测下一部分内容是什么；(3) 提问一个与已读内容主题思想相关的问题；(4) 提问一个有助于澄清文章意义的问题。

实例运用

下面是教师和三年级学生小组之间的对话，学生们读过一篇关于考拉熊文章的第一部分，这一过程可以采用交互式教学法进行。

杰瑞德：在澳大利亚什么动物是吃桉树叶并且它们还有……不，这不对。

教师：你想问一个关于考拉熊的问题吗？

杰瑞德：是的。

教师：好的，用“为什么”这样的词开始提问会是个不错的选择。

杰瑞德：为什么它们要变成考拉熊？不对……

教师：你想的方向是对的，再试一次。

杰瑞德：它们为什么被叫作考拉熊？

教师：这就对了嘛。人们叫它们考拉熊，是因为虽然它们不是熊，但是它们看起来就像只小熊，它们可以当宠物养吗？

玛尔塔：不是的，即使它们很可爱，但它们仍然是野生动物，它们住在树上。轮到我提问了吗？它们濒临灭绝了吗？它们有灭绝的危险吗？

教师：玛尔塔的问题很有趣。玛尔塔，你在“鱼缸式教学”小组讨论剩下的故事，在下一部分当“提问者”，提问两个问题好吗？马特，你可以给我们展示图片吗？克拉拉，你能做一些预测吗？本，你能找到两个新词或者两个需要解释的单词吗？在文章的最后一段，丽塔，你能把故事最重要的部分视觉化吗？萨米，你能做个小结并给我们展示文章的亮点吗？我希望每个人都好好地观察这组同学做了什么，因为下一节你们也要参加一个小组，并参与其中的一个角色。

马特（图片展示）：这些照片好像是关于考拉所居住的环境。

克拉拉（预测）：我认为我们会了解它们生存的自然环境，以及它们在动物园里会吃什么食物。

胡安（目标）：关于这个故事的目标，我询问小组成员的看法，考虑了他们提出的建议之后，提出了目标——学习我们平常不常见的动物。

本（澄清）：我要澄清的两个词是食草动物和有袋动物。

玛尔塔（问题）：我的问题是：“它们濒临灭绝了吗？它们有灭绝的危险吗？”

丽塔（视觉化）：我认为这个故事最重要的部分是一只考拉熊一天吃400~500克的桉树叶，我找到了一个能显示这一数量的罐子。

萨米（总结）：为了了解动物，我们要知道动物的基本需求是什么，以及它们所生存的环境能否很容易地满足这些需求。

小组（对教师说）：有什么问题要问的吗？例如，关于角色？关于到目前为止我们所读的内容？

教师：你们的目标与总结有什么不同？我还想知道你们每个人现在的想法。每人可以写一段，总结我们刚才读过的选段。可以使用小组讨论过的想法。（所有学生写完一段之后），现在，班上每位同学开始转换角色，进行下一部分，我将给每个同学分配一个小组及角色。在鱼缸式教学组的每位同学将去一个新组，在小组里，阅读下一部分。当所有人都准备好了，我们将在一起以班级为单位讨论这篇文章，我们使用此方法来学习其他的科学主题。

概要段落策略

基本原则

伍德的文章《写作策略："概要段落"策略》是一个由教师进行示范的预测策略，把写作、批判性思维与叙述性阅读选段相结合。这种策略使学生能够使用他们理解的故事六要素——背景、开头、问题、尝试解决、结果和最终的结局，利用教师提供的关键字构建文本。这种策略的特点是将故事语法知识与课前阅读预测相结合，以促进批判性思维。

总体描述

"概要段落策略"分为四个阶段：（1）准备阶段；（2）读前阶段；（3）阅读阶段；（4）读后阶段。该策略按照以下方式进行：

1. 准备阶段。在白板上，写下关键词、故事框架及带空格的概要段落。选择一段叙述性的（故事）文本，并挑选出对问题重要的单词，把这样的单词列在“关键词”的下面。接下来，把故事六要素写在“故事框架”下面。在“带空格的概要段落”下面，设计一个填空题的段落。这个段落必须包括故事的六要素：

故事发生（背景）；（开头）故事中的一个角色______；在……时候，问题出现（问题）；然后（尝试解决）；在……时候，问题解决（结果）；故事结束（结局）。

2. 读前阶段。大声朗读关键词，让学生重复地读，并提问以下问题：“你们认为用这些词组成的故事是关于什么的？”“如何把这些词融入到这个故事框架当中？”帮助学生把故事框架的单词填上，以构成一段符合逻辑的“概要段落”。

3. 阅读阶段。让学生阅读这篇文章，看看他们的预测与实际的故事有多么接近。

4. 读后阶段。提问问题：“如何把你们写的概要段落和该故事的情节做比较？”让学生修改他们写的概要段落来还原实际的故事情节（注：学生写的概要段落往往会比实际的故事更有趣，请把这一点指出来）。

实例运用

一个小学二年级的班级把“概要段落策略”运用到阅读汉斯·威廉写的《兔子的麻烦》书上。

概要段落策略 ：准备阶段					
兔子王国	复活节	装饰	投球	设计	足球迷
讨厌鬼	担心的	拉尔夫	麻烦	计划	许诺
笼子	自由的				
故事框架					
背景	开头	问题	尝试解决	结果	结局
关于________的概要段落					

故事发生在________
（环境）
________是这个故事的一个角色，

谁________。
（开头）
当________，一个问题出现。

然后________
（尝试）
________。

当________
（结果）
________，问题解决了。

故事结束________
（结局）
________。

图表3.4a “概要段落策略”的准备阶段由教师完成。

1. 准备阶段。教师在白板上写出关键词、故事框架及空出填写的概要段落（见图表3.4）。

2. 读前阶段。教师大声朗读关键词，并要求学生跟读。向学生解释他们不熟悉的术语和词汇的含义，比如“兔子王国”和“讨厌鬼”，然后教师说：“想想这些单词，看看能不能尽可能多地使用这些词语，在心里想出一个故事。”接下来，引导学生注意故事框架并回顾叙述性或故事性结构的六要素，要求学生把关键词填在故事框架中恰当的地方。随后，当这些词已构成了一个有条理的故事时，就让学生把这些词写下来，构成一段符合逻辑的“概要段落”（参见图表3.4 b）。

概要段落策略 ：准备阶段					
背景	开始	问题	尝试解决	结果	结局
兔子王国	复活节 装饰 设计 拉尔夫 足球迷	麻烦 讨厌鬼	投球 计划	担心的 笼子	自由的 许诺

关于＿兔子的麻烦＿概念段落

故事发生在＿兔子王国＿，＿拉尔夫＿是故事中的一个角色，他是一个＿足球迷＿。

当＿复活节来临时，兔子们都在装饰彩蛋＿，问题出现了。

然后，拉尔夫遇到麻烦。他在踢足球的时候被人绑架，有人抓住了他，把他关了起来。
当 拉尔夫在朋友的帮助下，逃出牢笼，问题解决了。
故事结局是 拉尔夫发誓再也不踢足球了。

图表3.4b 教师帮助学生使用故事框架中的许多词语来构成概要段落

3. 阅读阶段。教师指导学生："阅读这个故事，该故事与你们原来想象的有什么不同？"

4. 读后阶段。教师问："与你们预测的内容相比较，这个故事实际上是怎样的？"学生们一致认为他们写的概要段落是很接近实际故事的。最后，教师要求学生根据实际的故事，填写空格完成一段"概要段落"（参见图表3.4 C）。

概要段落策略：读后阶段
姓名：尼克尔 日期：1月20日 主题：兔子的麻烦
修改过的概要段落 故事发生在 森林中的一个兔子王国里，拉尔夫 是故事中的一个角色，他 只关心足球，不去帮助其他兔子装饰万圣节的彩蛋。

当 拉尔夫独自一人离开到森林的另一边去踢足球时，一个农夫抓住了它，把它装进笼子里，准备作为复活节的午餐， 问题发生了。

然后， 兔子王国的每只兔子都担心它，它的妈妈害怕得大哭起来 。

当 它的姐姐莉斯把一篮子美丽的彩蛋塞进了囚禁它的笼子里。农夫的儿子认为拉尔夫是一只复活节兔子，并乞求他的父亲放了它，问题解决了。

最终，故事是这样结束的。 拉尔夫跑回家。他现在仍然玩足球，但是他也帮助其他的兔子。

图表3.4C 当年龄较大的孩子使用“概要段落策略”时，他们可以自己填写活动表

相关信息

伍德建议在指导学生运用几次“概要段落策略”之后，应该鼓励他们在合作小组里构建自己的“概要段落”。小组可以与班级的其他同学分享他们预测的故事，并且在读完故事之后，自己决定哪个小组的段落最接近实际的故事。同样，“概要段落”可以在同一小组里修改、构建，并与全班分享。

第四章

中年级教师的提问策略

中年级学生正忙于探索关于自己与周围世界的新观点、新思路，当问到“适当”的问题时，学生所表现出来的强烈的求知欲经常让教师们大吃一惊。当不是简单地让孩子们回忆事实，而是问他们的所思、所感和所想时，课堂气氛就明显地变得活跃起来，课堂就变得令人兴奋。本章提问活动是适合有一定写作技巧的学生，已练习过第三章所讲的批判性和创造性思维活动的学生，或是小学年龄段渴望更高智力挑战的孩子。

有声思维法

基本原则

“有声思维法”是一种由教师示范提问批判性问题的最有效的方法之一，该策略明确地显示了熟练读者如何采用多种阅读技巧来构建文本意义。除了了解具体的阅读策略，读者还需要知道这些策略何时起作用和为什么会有效。当学生阅读时，教师告诉学生做什么，给学生示范“有声思维法”的所有技巧。

第四章
中年级教师的提问策略

总体描述

使用该策略时，教师要大声朗读一段，同时让学生有机会听到你用语言表达你的想法 ——发表评论，并探讨一些熟练读者使用的探索性问题以获取有意义的信息。戴维给出的五个技巧是熟练读者用来进行批判性思考和文本加工：

（1）假设和预测

（2）形成图像

（3）利用背景知识

（4）监控自己的理解

（5）纠正理解上的错误

可以按照以下方式示范“有声思维法”：

（1）上课前，复印用来演示的文本段落或准备用来展示的副本，这样学生可以跟上你讲的内容。向学生说明，当他们听你读时，你在使用“有声思维法”，这样他们就能听到你的想法。

（2）大声朗读课文，学生跟随（选的文章应该是学生感觉有点难度的，文章中的概念和词汇是略高于学习者的阅读水平）。

（3）当你们大声朗读时，讨论正在使用什么策略来理解文中的词汇，解释意思模糊的短语，或结合观点较熟悉的文章来叙述本文的思想。

（4）示范几个段落之后，请学生运用他们解决问题的策略和自己的个人感受，参与到你的思维过程之中。

在示范几次“有声思维法”之后，给学生找一些难度类似但篇幅短小的段落，鼓励他们与同伴们尝试“有声思维法”策略，轮流朗读并依次参与到对方的思维过程当中。当学生变得善于与伙伴们进行“有声思维法”合作时，便让他们单独阅读所选的段落，静静地练习新学的思维技巧。

因此，当学生安静地使用策略的时候，他们会专注于恰当的思维程序，让他们问自己以下几个问题：

（1）看完文章的封面、标题和图片（如果有的话）之后，我认为这篇文章是关于什么的？（假设和预测）

（2）当前发生了什么事情？（至少每一段读完之后，问一问）（组织图像）

（3）使我想起了已知的什么事情？（利用背景知识）

（4）对这些不熟悉的单词，我认为可能是什么意思？有哪些方法使我可以得到这些词义的线索？（监控自己的理解）

（5）随着阅读的深入，我想要改变最初的想法吗？（每一段读完之后，问一问）（纠正理解上的错误）

实例运用

教师大声朗读一篇题为《旅鼠之谜》中的关于旅鼠的一段，讲述了旅鼠让人难以理解地奔向大海，纷纷跳下去，被汹涌澎湃的波涛吞没，接着提问为什么这种动物会表现出该行为。当教师大声朗读课文时，这些策略是由教师示范的。

1. 假设。“《旅鼠之谜》，嗯，我真的很喜欢未解之谜，它们往往是一些尚未解决的难题。我知道旅鼠是小型动物，我想知道关于它们的未解之谜会是什么？也许它们有一些奇怪的习惯，就像鸵鸟把头埋在沙子里或者变色龙改变颜色一样。”

2. 形成图像。“当往下读的时候，我看到这些小动物奔向大海，被汹涌澎湃的波涛吞没！起初，我认为它们肯定会逃跑，去寻找食物更丰富的地区，但是并非如此，因为文章说它们在迁徙途中即使遇到食物丰美的地区也不停留，我在想它们是不是不知道它们为什么要奔向大海。”

3. 利用背景知识。“对这种小动物的描述是，它们大约5英寸长，长着浅棕色的皮毛，这让我想起了仓鼠或者沙鼠。可能旅鼠是属于啮齿动物类的，尽管文章并未提及这一点。”

4. 监控理解。“随着我继续阅读，在关于这些动物为什么要淹死自己这一点上，我改变了一开始最初的观点。我确信——不是为了食物，但我想也许它们知道是为什么。文章说当它们要进行大迁移时，不是所有的旅鼠都去跳海自杀，而是留下少量的伙伴看家时，我恍然大悟。也许就像蜜蜂，某些旅鼠担负着某种使命，而它们似乎也知道这些使命是什么。”

5. 纠正错误。“当文章提到旅鼠跳海自杀时，在我脑海里出现的第一幅场景就是这种难耐饥饿和不幸的小动物不想活了。然后，我开始想，也许它们就像羊一样，只是盲目地跟随第一个带头的。但是，我改变了这一想法，因为新的研究发现，即使它们遇到食物丰美的地区也不停留，并且有些旅鼠是留下来看家的。现在，我想也许这些动物跳进大海的原因是如同鸟儿飞到南方过冬一样——我读过一些书，写到生物钟或本能就是鸟儿为什么南飞的原因，也许正是同样的本能使得旅鼠奔向大海。”

当“有声思维法”在不同课程中示范了几次之后，教师要鼓励学生形成自己“有声思维法”的问题和监控策略，可以使用一个活动表（见图表4.1，当学生内化了该策略之后，这种活动表就应该停止使用了）。

有声思维法
姓名：____________ 日期：____________ 故事题目：____________
1. 我多长时间一次自问自答：我所认为的这篇故事或图片的主题是什么？ 从来不　有时候　经常　每段之后 2. 多长时间一次我会在脑海中描绘出发生了什么？ 从来不　有时候　经常　每段之后 3. 我所读到的信息多长时间一次能让我联想其我所知道的其他的相关的事情？ 从来不　有时候　经常　每段之后 4. 多长时间一次我停下来检查一下自己是否已经清楚此故事或段落讲了什么事情？ 从来不　有时候　经常　每段之后 5. 多长时间一次我改变了对故事或段落发生的事情原有的理解？ 从来不　有时候　经常　每段之后

图表4.1　学生们可以使用“有声思维法”活动表，直到他们学会该策略

归纳推理策略

基本原则

教师往往要求学生从各种渠道收集信息进行研究，然后搞清所收集的大量数据的意义，这可能是一个杂乱而艰巨的任务。“归纳推理策略”为学生提供了步骤和过程，以帮助他们理解其所做的研究。当学生第一次使用该策略时，教师可以为他们提供支架式的帮助和指导，给他们提供分类的建议。当学生们熟悉了该策略及其过程之后，他们会更加独立，并构建自己的问题和分类。

总体描述

“归纳推理策略”有三部分：

1. 形成概念：列出、分组和标注项目。
2. 解释数据：识别并探索事物的联系并举一反三。
3. 总结概括：预测、解释和支持结论。

实例运用

中年级学生正在研究美国殖民时代，全班一起开始他们的研究——绘制一幅区分三大殖民地的地图，划分每一殖民地的地理位置，并确定这些殖民地的自然资源。他们班级集体制定了一份三大殖民地大事年表，每个小组应在整个单元的学习中增添有关内容。

教师将全班分成三组，每个小组研究一个殖民地。

形成概念

教师让每个小组专注于收集它所研究的殖民地信息，因为这是全班第一次使用这种策略，因此，教师进行了分类并为学生提供了支架式的帮助和指导。教师把图表贴在白板上，三个小组的学生填上信息并与班上其他同学分享（见图表4.2）。

	南部殖民地	中部殖民地	新英格兰殖民地
现在所在的州	乔治亚州，北卡罗莱纳州，南卡罗莱纳州，弗吉尼州，马里兰州	新泽西州，宾夕法尼亚州，纽约，特拉华州	罗德岛州，康乃迪克州，马萨诸塞州，新罕布什尔州
定居者是来自于哪里?	英国人	荷兰人	英国清教徒
他们来那里定居的目的是什么?	寻找黄金和自然资源	使荷兰人富有	免受宗教迫害
他们以前所做的典型工作是什么?	农民：种植棉花，烟草，大米，甘蔗，植物靛蓝	农民、造船手工业者，造纸厂、纺织厂、钢铁厂	农民、渔夫
他们得到了什么回报?	给英格兰和北方殖民地提供原材料	良田	优良海港、宗教自由
他们遭遇过什么样的挑战?	没有足够的帮手来种植农作物	男人经常无法成家，难以为继	贫瘠的土壤、寒冷的冬天
如何描述他们的价值观?	家庭	宗教宽容与妥协	宗教自由，但并不适用于所有人
他们怎么满足自己的基本需求（食物、衣服、居所）?	居所是种植园	居所是远离乡镇的农舍	居所是木屋

图表4.2　中年级学生的活动表由教师填写

解释数据

图表（图表4.2）填完之后，教师让学生在全班对他们所收集到的数据展开讨论。

教师：你们怎样描述每个殖民地？

帕姆：新英格兰殖民地的大部分移民都是追求宗教自由，他们没有太多的土地自然资源，所以依靠海洋和海运。

哈里：中部殖民地是由一大群来自欧洲不同部分的人们组成的，他们接受许多不同类型的宗教信仰。

宝芬妮：南部殖民地种植农作物并发展大种植园经济。

教师：每个殖民地的地理环境是怎样影响当地人们基本需求的满足？

查尔斯：天气和土质影响他们种植的食物和他们用来进行交易的东西，南方殖民地几乎完全依赖于农作物，但是其他殖民地拥有其他的资源。

教师：每个殖民地人们的工作类型有怎样的区别？

伊森：工作依赖于资源，与殖民地所处的地理区域有密切的关联。

教师：谁能给我一些具体的例子？

南茜：在新英格兰殖民地渔业很发达，这是因为多海洋、多河流，并且土壤贫瘠。

教师：每个殖民地的挑战和机遇的成因是什么？

帕洛：有时，挑战和机遇来自于它们所处的地理位置，但有时来自它们的宗教信仰和价值观。

教师：宗教信仰在不同的殖民地发挥着什么样的作用？

布伦达：在新英格兰殖民地，宗教有着重要的作用，它界定了许多的社区，定义了法律。在中部殖民地对待宗教的观点是不同的，因为人们来自不同的国家，因此有着不同的信仰和习俗。

总结概括

接着，教师让学生参与殖民地研究的综述性讨论。

教师：看看我们创建的大事年表。对于殖民地来说，存在着至关重要的转折点吗？换句话说，如果一些事件没有发生或发生了不同的事件，那么它们的历史故事会被改写吗？

南茜：每个殖民地开始的事件似乎就决定了以后要发生的事件。

教师：如果要研究其他社区，你们会收集什么类型的信息，以帮助你们来理解？

大卫：我认为了解一个地区的地理和资源是有用的，了解居住在那里人们的日常生活和工作也很有帮助。

玛丽莲：我想知道他们感兴趣的娱乐是什么？孩子们玩什么？他们玩什么游戏？

教师：我注意到你们使用了一些在图表中没有的信息来回答我们所讨论的问题，既然你们从其他小组那里得到了一些观点，那么回去把信息加上，提出你们自己的问题，并回答这些问题。

启发式教学法

基本原则

辛格所提出的自我提问的策略源自于一个建模策略，教师可以用它来鼓励孩子们提出问题，从而设定自己的阅读目标。辛格认为，当学生而非教师设定阅读目标时，学生们就会更积极主动地寻找答案。如果自我提问策略一直使用，儿童就会把这一策略内化吸收并开始使用熟练读者的方法来构建文本。

总体描述

辛格概括了理解问题的三要素：(1) 建模；(2) 逐步引进/逐步退出；(3) 批判性思维。

(1) 建模。提出问题以确定学生想知道的内容。

(2) 逐步引进/逐步退出。在给学生精心设计示范了恰当的问题之后，教师把学生提出的与文章相关的问题写在白板上。在这一阶段，作为提问者的教师要逐步退出角色，与此同时，把学生逐步引进到提问者的角色中来。

(3) 批判性思维。通过教师的指导，学生学会提出与文章有关的批判性思维的问题，以建构自己的意义。

实例运用

教师高举一本由利亚·卡尔马伊克所写的书，书名叫《厄尔酷毙了》，并把题目大声地读出来。然后，教师提出了第一个启发性的问题："仅仅听到这本书的书名之后，你想知道什么？"学生们回答了几个问题，教师适时地把这些问题记录在白板上：

◎ 厄尔做了什么酷酷的事情？

◎ 厄尔是谁？

◎ 谁在讲述厄尔的故事？

◎ 厄尔是一个动物还是一个人？

◎ 厄尔有多大了？

然后，教师大声朗读了这个故事的前三行：

“厄尔有辆用干草做的自行车，他在银河系上骑他的脚踏车，在我看来，厄尔酷毙了。

教师问了第二个问题：“关于厄尔，你们现在想知道什么？”学生回答如下：

◎ 厄尔是真有其人吗？

◎ 是讲故事的人编造出来的吗？

◎ 厄尔曾经受过伤吗？

◎ 厄尔还做了什么别的事情吗？

◎ 厄尔是一个好人吗？

教师接着问：“关于这个故事，你们还有什么想要问故事的作者？”（当然，所提问的问题是基于故事的内容）。学生所提问的问题如下：

◎ 接下来会发生什么事情？

◎ 厄尔还做了什么很酷的事情吗？

◎ 作者是在哪里得到这个故事的灵感？

◎ 她为什么会选择这个题目呢？

◎ 她认为厄尔很酷吗？

◎ 作者喜欢“酷酷”的人吗？

元认知策略

基本原则

教育的主要目的是让学生“学会学习”。在学生的九年义务教育期间不可能教授他们应该知道的一切内容，因此，当学生接受完学校教育之后，他们不仅学到了一些专门的知识，而且还拥有终生学习的能力。元认知策略就是向学生展示如何“思考”，重点不是思考什么，而是如何思考。有了这一知识，学生就有能力独立地思考问题，在元认知中使用的策略使学生成为独立的思考者和学习者。

总体描述

重新向学生介绍第一章的思考过程图（见第一章），同时，让学生致力于一项基于调查或具体问题的课题工作。一段时间后，问他们以下的问题：

◎ 你们采用了什么类型的思维来帮助你们开始理解并解决问题的?

◎ 你们有过进入“死胡同”的情况吗？也就是说，你们以为自己在正确的方向上，但却要放弃这条思路，是什么帮助你们认识到了这一点？朝着不同的方向重新开始时，你们需要做什么？

◎ 如果要思考不同的问题，你们同样要做的是什么？

随着学生对其课题进行持续的研究，情况汇报会每隔几天开展一次，这些汇报会为学生提供机会，反思他们在整体上取得的进展情况，并讨论他们正在使用的方法和策略。学生可以在汇报会上讨论他们的感受、信仰和态度，这也对学生有帮助。通过提问下面的几个问题，教师可以鼓励学生：

◎ 在过去的几天里，你们使用了哪些新方法和策略？

◎ 你们学到了一些获取数据的新方法吗？

◎ 你们学到了一些组织和理解信息的新方式吗？

◎ 尝试新方向、新方法给你们带来了什么样的感觉？

在课题进行期间，请继续每隔几天听取学生的汇报。公告栏会使他们的策略和方法看起来清楚明了，并帮助学生了解他们在不同时间是如何使用不同的方法，以及完善这些方法，把它们应用到新情况当中。在该课题结束时，问学生以下问题。

◎ 如果明年我让其他学生研究这个课题，你们会给他们提供什么样的建议或指导？

◎ 你们会记得把什么样的想法运用到我们下一个要研究的课题上？

◎ 研究该课题会给你们带来什么样的感受？

实例运用

学生们为当地动物园提供引进某些新动物的建议，起初，学生们热情地列出世界各地的许多种动物，他们为引进动物出了很多的主意，但这些主意却没法用到动物园引进动物上，很快他们便发现自己陷入了僵局。

教师：到目前为止，我们已经做了哪些事？

安娜：我们一起集思广益，已经列出不同的动物来。

教师：有没有人能想出主意来呢，我们不仅仅列出动物的名字，而且要为动物园提出一些具体的建议？

扎克：我们可以给动物分类。

胡安：我们可以研究动物园里已有的动物以及我们所建议的动物的更详细的信息。

教师：好的，让我们在接下来的几天里思考我们所讨论的问题。

几天后，学生和教师继续讨论。

教师：在过去的几天里，你们采用了什么样的思路？

凯西亚：为了进行分类，我们必须知道动物通常生活在哪里，它们的基本需求是什么，它们的猎物是谁，而谁又以扑食它们为生。

教师：搜集完这些信息，你们做何感想呢？

伊利娅：最初，我觉得我们彼此都感到很受打击，也很烦躁。但是，当开始思考什么信息是我们所没有掌握的时候，我们开始有了新的想法，接着，我们开始搜集不同的信息。

教师：在你们看来，给动物园推荐动物的依据应该是什么呢？

安娜：一开始，我认为如果人们不喜欢我推荐的动物，他们可能也不喜欢我。现在，我们知道了更多的信息，明白了做出选择是有不同的原因的。

在课题的最后，教师和学生进行了讨论：

教师：对于这个课题，你们使用了什么样的思维方法？

扎克：我们使用分类、排序和分析法。

教师：对于将要做类似课题的学生，你们有什么建议给他们？

凯西亚：我想说，不仅要收集信息，还要考虑如何排序和组织信息。

教师：关于情感和态度，你们了解到什么了吗？

伊利娅：有时候不得不接受一种与你最初观点不同的看法，必须要灵活处理。

卡米拉：不能过早下结论，除非掌握了足够的信息，必须倾听和尊重他人的想法。

经历—文本关联策略

基本原则

在阅读前，学生往往不能把自己的经历与话题相联系。在阅读过程的各个阶段中，通过教师有效能的提问，学生必然会激活其背景知识。奥通过把每个孩子过去的经验融入整个课程当中，使两者融为一体，已经成功地帮助了不同学习者进行阅读。学生通过使用奥所提出的经历—文本关联（ETR）策略来练习表达复杂的思想。当他们回答问题时，教师就会知道哪些步骤对于不同的学生个体是很容易或很困难。通过教师的提问、提示和鼓励，学生们能够把他们对这个世界已有的理解融入到对新故事细节的理解当中。运用“经历—文本关联策略”与教师进行频繁互动的学生，与那些没有机会进行互动的学生相比，能更好地进行批判性思考。

总体描述

奥的批判性思维课程是由三个不同的部分组成，按照先后顺序分别为：（1）激活背景知识的经历部分；（2）决定孩子从材料中获得意思的文本部分；（3）关联部分，在该部分中孩子把自己的经历与他们刚刚读到的内容相比较。课堂进展如下：

1. 经历。问学生与其经历有关的问题，或者让他们分享已有的知识，这些知识与将要阅读或将要听到的故事有直接的关联。

2. 文本。当所有学生都有机会分享他们的知识或经历之后，便让他们读或听该故事的一些短的段落（通常是一次一两页），每一部分读完之后，提问关于该部分内容具有批判性思维的问题。如果学生的回答存在着误解，是由于他们不同的世界观引起的，那么教师就必须补充必要的背景信息来纠正存在的误解。

3. 关联。在这一环节里，尝试让学生与故事内容之间建立联系，正如所探讨的文本部分（第2点，见上），以及课本之外他们自己的经验与知识，正如上文分享的经历部分（第1点，见上）。

实例运用

小学四年级教师在引导学生使用“经历—文本关联策略”，结合使用杰伊·威廉的《务实的公主》一书，该书讲的是一位拥有大量常识的不同寻常的公主。出于对作者巧妙使用讽刺可能引起学生误解的担心，教师觉得最好使用“经历—文本关联策略”（因为该策略要求不断地提问），以帮助学生更好地理解这个故事。

真实体验

在阅读这个故事之前，教师要求学生分享他们觉得与要阅读的故事可能有关的经历和知识。

教师：你们知道什么是“务实”吗？能给我举个例子吗？是某人、某事、你自己或其他人做过的，被认为是“务实”的事情。

妮可：嗯，有一次姐姐问妈妈她是否想要一件貂皮大衣作为生日礼物。我记得妈妈回答说，她已经有一件外套了，所以，送她一个微波炉当生日礼物会更实用。

劳尔：一次，我去野营，叔叔说要穿实用舒适的鞋子。我认为他的意思是让我别穿最好最漂亮的鞋，而是要穿结实的鞋。

教师：这些都是很好的例子。妮可，你妈妈想要一个微波炉，因为她使用它的次数更多。对她来说，选择微波炉比选择貂皮大衣更明智。劳尔，叔叔建议你穿实用的鞋子，而不是花哨好看的鞋子，也是明智之举。现在，我想让大家读一个关于公主的故事，但是这个公主并不像你们可能读过的那些公主，她并不关心珠宝首饰和衣服，相反，她时不时地动脑筋想办法，帮助自己摆脱糟糕的局面，让我们来看看她做的什么使她显得那么的“务实”。

文本

当学生们读了几段之后，每隔一段时间，教师便会让他们停下来讨论文本。通过搞清楚学生在阅读过程中的所思所想，教师试着帮助学生扫清他们的任何误解，并为他们示范熟练的读者是如何搞清楚使人困惑的部分。

教师：你们认为公主为什么对龙说，他只是想要和她结婚，因为他是个势利小人？

拉娜：谁会愿意嫁给龙啊？公主可能是等待她心目中的白马王子（其他孩子大笑）。

教师：好了，那是在许多童话故事里发生的故事，不是吗，拉娜？但是这位公主不想结婚有可能是另有原因。你们觉得龙真的爱公主吗？

妮可：嗯，他只是认为他必须娶一个公主，只是觉得公主应该是很酷的！这也是为什么她认为龙是个势利小人，他只是特别在乎其他人的想法而已。

教师：好主意，妮可。他不在乎她是什么样子的，只要她是一位公主。对于这样的想法，你们怎么看？

关系

当理清了类似于前文所提到的一些困惑之后，教师对孩子们很有信心，认为他们能更充分地理解该故事，她准备把这个故事和学生以前的经验和知识联系起来。

教师：你们知道有谁像贝德莉亚公主那样，运用自己的聪明才智摆脱糟糕的经历？

拉娜：是的，《异形II》里的女主角，她运用她的智慧带领大家摆脱危险，最终使每个人都安然无恙（其他人都笑了）。公主们往往忙着打扮自己，而不太爱动脑，但是，贝德莉亚公主的所作所为却是蛮酷的。她本来可以只是顺从，按照所有人所期望的那样同意和龙结婚。

教师：是的，这就是我们所期待的童话故事，不是吗？她想方设法地不与龙结婚，对此你们是怎么看的？

妮可：这真的是很棒。她告诉龙，让他来找她，从而把他引出洞穴，然后，嘭的一声，把他炸飞了！这就如同我哄骗我的宠物狗，让他洗澡一样。当它看到水管时，它就把自己藏在床底下，于是我便拿狗饼干贿赂它（其他人大笑）。

拉娜：听起来，你把常识运用到让狗儿进到浴缸里了！

教师：是的！我认为有时妮可也很务实，对吧？

SCAMPER策略

基本原则

该策略是由美国教育管理者罗伯特·艾伯尔提出的一种综合性思维策略，是通过激发学生的创新思维，连接他们已有的想法，引导学生提出新颖的问题。创新思维的SCAMPER策略是一种实用的写前提问策略，它可以被运用到基础读物或大众读物的任何故事里，也可以被用作提高学生思维的灵活性和加强他们发散思维能力培养的手段。如果学生们参与问题的解决和决策的制定，那么该策略能帮助他们迸发出创新的想法和思路，以便顺利地解决问题。

总体描述

SCAMPER策略是由英文中的七个单词或短语的首字母构成，该策略是通过对已读过的故事提出问题以产生新的想法，留下新的印象。SCAMPER这个词中的每个字母是由七种创新性思维方式的英文单词的首字母构成，它们分别是：替代（Substitute）、合并（Combine）、改编（Adapt）、修改/扩写（Modify/Magnify）、应用/观点（Put to use/Point of View）、删除（Eliminate）、重排/调换（Rearrange/Reverse）。SCAMPER策略引导人们提出发人深省的问题，创作出精彩的新故事来。

1. 替代（Substitute）。这个故事中的什么事物或事件是可以由另外的事物或事件替代？这样的替代会给整个故事带来怎样的改变？

2. 合并（Combine）。你们想要把其他故事的什么角色整合到这个故事里，这个故事改变了吗？这个故事最终的结果将会怎样呢？

3. 改编（Adapt）。一段对话或一个事件如何导致这个故事结局的不同？

4. 修改（Modify）。什么事件的改变可以使得该故事有不同的结局？

5. 扩写（Magnify）。在故事结束之后，里面的角色还会发生什么？

6. 应用（Put to use）。你们怎么能让一个角色在故事中有更多的事情可做或有更多的话可说？或是如何让某些道具能比原先使用得多？

7. 观点（Point of View）。如果由某一其他角色来讲述这个故事，那又会有怎样的不同？

8. 删除（Eliminate）。如果把这个故事的一个主要角色去掉，故事会怎样？

9. 重排（Rearrange）。改变这个故事事件的发生顺序，故事结局会怎样？

10. 调换（Reverse）。赋予主要人物相反的性格特征，如果好人物变成大坏蛋而坏人物变成大好人，故事的结局将会怎样？

实例运用

教师使用SCAMPER策略来帮助学生思考这本名叫《三只山羊嘎啦嘎啦》的书，该书是由P. C. 阿斯别约恩森所著，该故事以新颖独特的方式——通过发人深省的一问一答，从而使故事高潮迭起。

替代（Substitute）

把这个故事中的一个物品被其他别的物品替代。如果山羊路上必经的一段是隧道而不是经过一座桥，那么故事会怎样？

合并（Combine）

把故事中的人物与另外故事的人物合并起来，然后相互比较并相应地修改本故事。如果三只山羊和三只小猪联手，将会发生什么呢？

改编（Adapt）

改写某一角色的行为或情节。如果这三只山羊同时走过这座桥，将会发生什么呢？

修改（Modify）

稍微改变或调整情节。如果三只山羊过桥的时候没有发出嘎吱的噪音，那么你们认为山怪可能会怎么做？

扩写（Magnify）

续写故事。既然山羊已安全地过了桥，来到桥的另一边，那么你们认为山羊的生活会如何？

应用（Put to use）

强化故事中某一元素或角色的作用。山羊可能在哪些方面会用到它们的犄角？

观点（Point of View）

从不同角色的视角来改写故事。如果故事从山怪的视角来写，会有何不同？

删除（Eliminate）

把故事的一个主要角色去掉。如果没有了山怪，故事会怎样？

重排（Rearrange）

改变故事中事件发生的顺序。想象一下如果最大的山羊最先经过这座桥，故事结局会怎样?

调换（Reverse）

改变主要人物的性格特征。如果故事变成爱好和平的山怪要经过这座桥，但是遇到了不让他过桥的暴怒的三只山羊，那么这个故事该如何来改写?

SCAMPER策略	
姓名：格里塔	日期：1月8日
主题：三只小猪	
以新思路来重新改写这个故事，选一个问题，然后把答案写在空白处的下方（如果表格的空白处描述不下，请翻页）。 1. 替代：如果三只小猪当时正在露营而不是住在房子里，会发生什么事情? 2. 合并：如果将小红帽和大灰狼加到三只小猪的故事里，会发生什么事情? 3. 改编：如果当时警察来了，会发生什么事情? 4. 修改：如果大灰狼不能吹气，会发生什么事情? 5. 扩写：如果大灰狼没有吃掉前两只小猪的话，故事会怎么结束? 6. 应用：大灰狼有什么其他的本事使小猪不敢小觑? 7. 观点：如果大灰狼是善良的，而小猪是卑鄙的，那么故事会有什么不同? 8. 删除：如果故事中没有大灰狼，小猪的生活会有什么不同? 9. 重排：如果小猪在一个朋友家里遇到了大灰狼，故事会有什么不同? 10. 调换：如果大灰狼首先去了砖房子，故事会有什么不同?	

答案：扩写。我们最后看到大灰狼逃跑了，而小猪高兴地上蹦下跳。奥斯卡因为打败大灰狼并救下了朋友而感到骄傲。詹姆斯和弗雷迪，这两只小猪请求奥斯卡，让他们住进砖房子里，因为大灰狼已经把他们的房子完全毁掉了。于是，他们便搬了进来，邀请了他们所有的朋友举办了一场盛大的聚会，所有的一切看起来似乎都很棒。但是，后来奥斯卡感到厌烦了，因为除了他之外，谁也不去打扫房间。他跟詹姆斯和弗雷迪约法三章，但他们还是不肯帮忙，最后，奥斯卡把他们赶了出去。在以后的三个星期里，他们俩无家可归。不过，他们想出了一个主意，一天晚上，他们扮成大灰狼来到奥斯卡的房子。他们喘着粗气，咆哮着，听起来真地很像一只大灰狼，奥斯卡害怕极了。他一边跑一边喊："詹姆斯，弗雷迪，救命呀，我有危险了。"詹姆斯和弗雷迪打开门大喊："我们来了"。刚开始奥斯卡简直吓坏了，但是他慢慢地回过神来，见大灰狼没有来，才长舒了一口气，让詹姆斯和弗雷迪住下来，他们俩也承诺帮他打扫卫生。直到现在，三只小猪依然生活在一起。

图表4.3　一名学生填写SCAMPER 策略的活动表，以帮助她自己创作新版的《三只小猪》的故事

文学角色扮演法

基本原则

熟练读者会给文本注入知识和情感的意义。书中的词语对于每个读者都有独特的意义与关联，而这种意义与关联又恰好决定了传递给读者他的信息是什么，这使文本意义更加丰富，也提高了阅读的乐趣。因此，教师培养学生读者与文本之间的“富有成效的关联”是尤为重要的。要做到这一点，方法之一就是给学生提供某一策略，通过使用该策略引导学生运用他们个人的方式来理解儿童文学作品中的人物。角色扮演法便是这样的一种策略，让一些孩子扮演书中的人物，而其他的同学提问一些探索性的问题，探讨他们的行为和动机。

角色扮演可以帮助学生解决现实生活中的问题（例如，在操场上）。此外，角色扮演使他们从多个角度来思考历史事件。学生可以通过角色扮演的方式来让某一历史事件重现，就好像真实发生了一样，并且可以通过预测不同的行为来“重新改写”历史，因此，最终的结果也是不同的。学生可能会把不同的场景表演出来，并且讨论各种选择的优点和缺点。

总体描述

当给一群小孩子读一本有复杂的人物关系的书时，角色扮演法可以使书中的人物栩栩如生。通过互动提问，学生可以发现他们所阅读的东西与自己生活之间的关系。使用角色扮演法的过程如下：

1. 与学生合作，决定要扮演作品中的哪一部分，塑造很多真实立体角色的大部头著作效果是最好的。

2. 全班一起在白板上把这本书中所有的人物列出来。

3. 每对学生分配一个角色。

4. 让学生重读这个故事，这一次要更好地去理解他们自己的角色。

5. 让每对学生给书中其他人物列出一些具有批判性思维的问题，这些问题可能正是读者想要问某一人物的，也可能是问有关几个人物的，同时，鼓励学生提出一些超出本书范围的探索性的问题。

6. 在完成该准备之后，学生就准备角色扮演了。给每对学生戴上一个角色名牌，以便让别的同学可以找到他们想要提问的角色，然后围成一个圈坐下来。

7. 通过给一对角色提问问题，示范这一策略，打开学生们的话匣子。如果答案在表面上很容易找到，或仅用一个简单的“是”或“否”就能够回答，那么向学生展示如何深入地进行探讨，以便使人物刻画得丰满。

8. 让学生们围成一圈走，每次向不同的角色提问一个问题，并鼓励其他学生就这个问题问一些后续的问题，比如 :“你能告诉我更多关于那个问题的事情吗？”或者 :“你为什么会这样认为？”

实例运用

在课堂上读完了《彼得 · 潘》这本书，并观看了视频之后，六年级某班的学生决定用J. M. 巴里写的这个故事进行角色扮演。首先，在学生的帮助之下，教师列出了该书的角色，并把角色分配给孩子们。

人物：

作者本人	温迪	约翰
胡克船长	迷失男孩（1）	小仙女叮当
达林先生	海盗	鳄鱼
达林太太	娜娜（狗）	印度公主
彼得·潘	迈克尔	斯密先生

根据学生扮演的角色，他们回顾了该故事，并针对书中其他人物提问了他们想要问的问题。第二天，学生围坐成一圈，脖子上挂着他们的名牌，并开始提问问题。

学生：彼得·潘，你看到过现在已长大成人的温迪了吗？

彼得·潘：是的，每隔一段时间，我就会停在窗户上看看她正在做什么。但是，她不再像从前那么有趣了，她是两个孩子的母亲，并且还当了秘书，她对飞来飞去也不大感兴趣了。

学生：海盗，你认为如果你被抓，人们对你的惩罚可能是“走跳板（海盗处死俘虏的一种办法）”吗？

海盗：天啊，我还没考虑过受惩罚这件事呢！我只是玩乐寻开心！我打赌他们会判我无期徒刑，除非我为自己辩护说我精神错乱。我想我会逍遥法外的，另外，据我所知，还没有人能像我这样残忍，逼迫人们跳进有鳄鱼的水中，也许我真的是疯了！

学生：达林太太，当你第一次得知你的孩子离开幼儿园找不见了，你有什么样的感受？

达林太太：嗯，我当然很难过。

另一个学生：达林太太，如果你这么害怕失去你的孩子，为什么不给联邦调查局打电话或者打什么别的电话？

学生：彼得·潘，你能解释一下，你为什么不想长大呢？

彼得·潘：当我是孩子的时候，我可以做任何想做的事情，总是飞来飞去很开心。如果我不长大，我就不用出去找工作，支付账单和税金。

相关信息

正如上文所示，角色扮演可以帮助学生理解故事和历史事件。角色扮演还可以帮助学生解决日常生活中的问题，例如，学生们可以在操场上进行角色扮演解决他们遇到的问题。如果全班要尝试着为实地考察或慈善事业筹集资金，学生可以进行角色扮演，模拟他们可能会遇到的不同人和不同情况。一些教师发现角色扮演有利于学生处理来自同辈的压力，并且通过角色扮演可以使他们找到应对这种压力的方法。

提示教学法

基本原则

当教师提问问题，学生会被教师点名要求回答，但是学生往往回答不全面，或者根本答不上来。提示教学法的使用是当教师：（1）需要澄清问题，以便学生可以更好地理解它；（2）希望鼓励学生展开回答；（3）想要引导学生回答得更多。提示教学法可以帮助教师检验学生是否真正深刻地理解了所学内容，也保证了学生对自己能力的信心不会因为缺乏成功而受到打击。

总体描述

第一条规则：总是以一种积极的态度进行提示。当运用提示教学法的时候，可以遵循许多步骤，其中一些步骤是：

1. 肯定学生的回答。

2. 如果学生回答得不正确，请予以提示。

3. 要求学生讲清楚或解释一下。

4. 当学生回答正确或部分正确时，要给予积极的回应。

5. 提示学生把答案回答得更加完整或更有逻辑性。如果学生是这么做的，那么给予他具体的赞美。

6. 如果学生仍无法把答案回答得更加完整或更有逻辑性，那么再叫另外一名同学，看是否可以帮助该学生。

实例运用

在这个五年级的教室里，学生们刚刚读完凯瑟琳·帕特森的《通往特雷比西亚的桥》，教师引导型的讨论展示了教师给伊芙琳的提示，过程如下：

教师：为什么杰西和莱斯莉会成为朋友？在我看来，这两个孩子成为朋友的可能性非常的小（等待）。伊芙琳，是吗？

伊芙琳：嗯，他们喜欢互相赛跑。

教师：是的，他们都喜欢跑步，这正是他们第一次见面的原因。

完全正确！他们在一起时，还喜欢做些什么其他的事情，使他们的友谊不断地成长？

伊芙琳：他们用绳子荡过河。

教师：好的，这是其中的一部分。现在，当他们来到了河的另一边时，他们做了什么？

伊芙琳：嗯，他们一起建造了特雷比西亚之桥，那里就像是他们统治的特别王国一样，在那里，会发生纯真美好的事情。他们——俩人都喜欢发挥他们的想象力，这就是杰西为什么喜欢莱斯莉的原因，是因为不用为编造故事担心了。

教师：太棒了！你真正理解了他们的友谊！现在，回头来总结一下他们俩为何能成为好朋友的原因，好吗？这是由你发现的。

第五章

低年级学生的提问策略

许多教师赞同如下观点：当学生很感兴趣，会积极参与一个主题的讨论，而当主题所讨论的问题是由他们自己提出来时，教学中最激动人心的时刻就出现了。学生不再仅仅是为了取悦教师，他们在提问关于自己、教师和同学之间的问题——就是为了学习的快乐。

如果提出合适的问题对于教师来说并非易事的话，那么这对于学生也是一个很有难度的任务。然而，早在上小学时，孩子们就可以通过运用如本章所讲的一些活动，由教师引导着提出他们自己的问题。随着内容难度的增加，这些活动也适合年龄大的学生。

自我指导法

基本原则

自我指导法有助于学习者通过自我提问，意识自己的认知过程。如果学生可以通过该策略来促进理解，那么当教师不在眼前时，他也会使用该策略。当学生学习新策略的时候，要求学生说出他们在做什么，以及为什么这么做，就有助于学生在自我指导与真正的学习之间形成关联。

总体描述

自我指导法实际上是三种元认知策略的组合：自我指导策略、语言监测策略和有声思维策略，这三种策略全都有助于学习者意识到自己的思维。使用自我指导策略的学生会做以下几点。

◎ 确定问题：我要做什么？

◎ 集中注意力：这个段落的主题思想是什么？

◎ 计划某种行动：主题思想是一篇文章中最重要的思想总结。我要找一个句子，能概括并总结这一段所讲的全部内容。

◎ 评价：我有没有找到呢？

◎ 自我鼓励：没关系，我会继续努力的。

◎ 修改：主题思想可以在多个句子里出现吗？

◎ 应对：我将尝试这个新计划。

当讲授自我指导策略的时候，首先给学生做示范，一边向学生大声讲解，一边展示特定的阅读任务（例如，得出结论，确定主题句）。

然后，当学生们“排练”时，教师告诉学生他们正在使用的策略。这种出声训练之后，紧接着就是无声训练，学生着手开始一项阅读任务。首先，独立地使用自我指导策略。然后，报告他们所使用的策略。最后，学生通过独立完成各种其他材料的阅读任务，进行练习。同样的过程——示范、出声训练、无声训练、使用其他阅读材料进行练习。伴随着其他的阅读任务，如概括文意、定位细节，或推断语气。在任何情况下，问题确定的要素——集中注意力、计划某种行动、评价、自我鼓励、修改，以及必要时进行应对，都应包括在内。

实例运用

阅读下面的段落之后，一名二年级的学生使用自我指导策略，给一段与兽医相关的文章加标题。

什么样的人会是一名好兽医？在学校里学习成绩好是很重要的，但作为一名出色的兽医仅仅学习成绩好是不够的，必须喜欢动物并在它们生病的时候，关心帮助它们。

必须仔细观察生病动物的行为，来判断它可能会有什么样的感觉，同时应享受解决难题所带来的成就感。需要知道一些信息，例如，生病动物的体温、心跳声和肺声、血液检测结果、眼睛和耳朵看起来如何，以及身体有何感觉。然后，需要把所有的信息整合在一起，找出动物生病的原因。

学生按照以下的方式进行：

1. 他确定问题。好吧，我要为这篇文章起个标题。

2. 他集中注意力。标题告诉我们这段文章是关于什么的。

3. 他计划某种行动。如果我能想出可以概括段落中大多数句子的几句话，便有可能起一个好标题。

4. 他进行评价。“我想成为一名兽医”这个题目如何呢？不行，它没有解答所有的疑问，我必须想到一个更好的题目。

5. 他鼓励自己。这个题目不太好，但是没关系，我会想出另外一个题目。

6. 他进行修改。第二部分是关于当一名合格的兽医需要做什么，那么“成为一名兽医”这个题目怎么样?

7. 他进行对比。我现在就看看所有的这些句子，看看它们与“成为一名兽医”是否相符。

问与答关系策略

基本原则

熟练的阅读所需的三种元认知过程是：(1) 自我认知（了解自己在文本阅读中所存在的优点和缺点）；(2) 自我监控（监控自己对文本是否已理解）；(3) 任务知识（了解特定的阅读材料是需要什么样的阅读策略）。“问与答关系策略”（QARs帮助学生自己发现他们被提问的问题在文中是否已被明确地回答了，或是否要求不止一种信息来源或是否需要发散性思维），这并非完全基于文本信息。

总体描述

当学生使用“问与答关系策略”来理解如何回答某类问题时，他们学到了不同的策略，这些策略是读者可用来回答字面型、推理型、批判型以及创造型的问题的。具体地说，学生问：“我在哪里可以找到答案？”然后，使用以下问与答的层次结构来决定。

◎ 问题类型1（字面型）。答案：“就在课文中。”这一类型回答，告诉学生答案在故事里很容易找到，问题的原话就在这个故事里面。

◎ 问题类型2（推理型）。答案：“思考并搜索。”这一类型回答，告诉学生答案可以在故事里找到，但是他必须把其中的要点归纳出来——也就是说，问题所用的词语与故事里的用词可能有所不同，因此答案更难找到。

◎ 问题类型3（批判型）。答案："作者和我。"答案是在故事里，但只有一种方法可以回答这种问题——从作者的观点出发。学生在考虑了作者的观点之后，可能会想到另一种回答问题的方式。

◎ 问题类型4（创造型）。答案："完全靠自己回答。"学生在回答这类问题时，在故事里找不到"确切"的答案，这类答案可能来自学生的想象力或者来自关于该话题他已知的信息。

以下所述显示如何训练学生把这一有用策略运用到他们的阅读和思考中。

◎ 第一次讨论。给学生一篇包含问题的文章，而且问题类型已经确定，与学生讨论每种问与答关系该如何确定。然后，给学生一篇文章，让他们自己确定文章的问题类型，并在文中找到答案。

◎ 第二次讨论。给学生提供几篇篇幅较长，包含几个段落，以及每篇有八个问题的文章。在教师的指导下，允许学生以小组合作的形式来讨论问题。

◎ 第三次讨论。让学生读完整的故事，并把故事分成四部分。提问学生八个问题，每一部分提问两个同类型的问题。

◎ 第四次讨论。其他课程提供有关材料（例如，自然科学和社会科学），并且对每一类"问与答关系策略"的类型提问两个或三个问题，根据问与答的类型，指导学生阅读文章，回答问题，然后讨论答案。

第五章
低年级学生的提问策略

实例运用

读完节选自C. J. 亚丁写的《珀加索斯：双翼神马》书中的一段之后，一群三年级的学生运用“问与答关系策略”，帮助他们回答这四类问题。

很久以前，在古希腊，有一匹非常特殊的马叫珀加索斯。他很特别，是因为他会飞。珀加索斯有雪白的翅膀带他直冲云霄，有时，他在云间嬉戏玩耍，像一只白色的大鸟从一朵云滑翔到另一朵。世间的每个人都喜爱珀加索斯，因为他是如此美丽而温柔的马儿，而且他也是个幸运儿，与众神一起居住在高高的奥林匹斯山上。

教师：是什么让珀加索斯如此特别？

迪翁：（“就在课文中。”）他很特别，是因为他会飞。

教师：珀加索斯喜欢玩什么？

迪翁：（“思考并搜索。”）因为原文没有使用完全一样的单词，他在云里玩耍。

教师：你认为珀加索斯很受人们喜爱吗？为什么？

迪翁：（“思考并搜索。”）我认为他很受欢迎，因为据说世间上每一个人都喜爱他，并且他也是一个与众神一起生活的幸运儿。

教师：在你看来，为什么每个人都喜欢珀加索斯？

詹妮弗：（“思考并搜索。”）据说，珀加索斯是一个美丽而温顺的马儿，可能这就是为什么每个人都那么喜爱他。

西姆：我想这是“作者和我”。美丽而温顺或许是部分的原因，但是可能人们喜爱他，也是因为见到一匹会飞的马是那么的不同寻常。

教师：他是属于地球的一部分，还是属于天空的一部分？

迪翁：（“我和作者。”）地球上的人们以及诸神都喜爱他，但不清楚他是哪一方的，我认为他更可能是属于天空的一部分，因为他太喜欢飞行了。

教师：你愿意拥有一匹能飞的马吗？为什么愿意？为什么不愿意？

詹妮弗：（“完全靠自己回答。”）这绝对是我自己的看法，我希望有一匹带翅膀的马，我能飞到世界各地，特别是一匹漂亮而温顺的马。

西姆：是的，它是“完全靠自己回答”，因为我有不同的意见。我真的很喜欢马，但我宁愿要一匹正常的马在田野里疾驰，也不愿要一匹飞马，那样人们会盯着你看，让你受不了。

访谈法/调查法

基本原则

很多青少年学生在学校里使用的信息是来自于书本，然而，学生也从其他地方获取信息。访谈法/调查法使学生参与到信息的收集，通过让学生对受访者进行面对面的交谈或调查，使他们收集的信息有价值。调查通常是纸质的，收集大量的信息以确定调查的类别和调查主题的发展趋势。访谈通常是面对面地进行，让学生明确访谈者的回答，并立即跟进以了解更多的细节。

总体描述

无论是调查还是访谈，首先提问有关方便数据收集的问题。学生通过对数据进行比较、分类、举一反三，以研究受访者的观点。口述历史是一种特定类型的访谈形式，使研究人员了解真实的社会历史，而非一般教科书中描述的政治历史。

学生在进行真正的访谈之前，让学生两人一组，进行以下步骤的角色扮演：

1. 确定这次访谈/调查的焦点，这是一次一般性的回忆还是有特定主题的？

一般性回忆：例如，你会如何形容你的童年（在八岁时候）？

特定主题：例如，在你八岁的时候，要做什么作业或家务？

2. 进行分类，并设计每一主题的问题，例如，如果食物是一种分类，问题可能会是，你八岁时，最喜欢吃的食物是什么？

3. 演练或示范这次访谈。

4. 通过采访受访者，提前了解一般类型的问题（访谈的目的）。

5. 安排一个时间和地点举行访谈。

6. 邀请一位成年人来帮助记笔记，或将访谈过程录下来以帮助记下所提的问题答案。

7. 在访谈过程中，可以打破僵局（对受访者进行热身提问），不直接问受访者相关问题，而是问他们一些可以引出访谈主题的问题，例如，在该地区你住多久了？

通过提问，确保你要访谈的人现在的状态是舒服和放松的，例如：“你坐在这儿舒服吗？”或者：“你想换个座位吗？”

当一名好的聆听者——看着对方，有眼神交流，面带微笑，并适时地点头回应，表示你理解了（运用身体语言）。

◎ 不要打断对方。

◎ 口头提问问题，或者是让受访者填写印有问题的表格。

◎ 首先提问简单的问题。

◎ 一次问一个问题。

◎ 问后续的问题以获得更多的细节。

◎ 要求受访者举例说明。

◎ 说谢谢，并向受访者为这次访谈提供的时间和信息表示感谢。

8. 与其他同学分享你所发现的内容。

9. 总结你所学到的。

实例运用

教师（给学生展示访谈的焦点）：你想了解当你的祖父母还是你这个年龄的时候，从那时起生活都发生了怎样的改变。你可能会问什么样的问题呢？让我们先想想早晨以及白天要做的事情吧。学生给出了以下的回答，教师把这些回答写在白板上：

◎ 我早晨起床的第一件事是把衣服穿好。

◎ 在去上学之前，我吃完早餐。

◎ 我每天从早上8点到下午2点是在学校里度过的。

◎ 在去学校之前，整理好我的床铺。

◎ 在出门上学之前，我把狗喂饱。

◎ 我每周有1美元的零用钱，有时候，我会在上学路上的商店里停一下买点东西。

◎ 在课间休息的时候，我会和朋友们一起玩。

◎ 我喜欢玩电脑游戏和踢足球。

◎ 有时候，我会忘记做家庭作业。

教师（提供提示以获得更多的细节）：让我们把你们的回答进行分类，然后，一起进行头脑风暴，给每种分类提出具体的问题。

学生进行分类并提出问题，他们可以在进行调查和访谈时提问这些问题。

服装

◎ 你通常穿什么样的衣服去学校？

◎ 在特殊场合，你穿什么样的衣服？

食物

◎ 你最喜欢吃的食物是什么？

学校

◎ 你什么时候去上学？

家务

◎ 你做什么家务？

零花钱

◎ 做家务后，你会不会得到报酬？会有多少钱的报酬？

宠物

◎ 你养宠物吗？谁照顾它们？

朋友

◎ 你和朋友在一起做什么？

有趣的活动

◎ 当有空闲时，你喜欢做的事是什么？

惩罚

◎ 你曾经遇到过麻烦吗？因为什么事情？发生了什么事情？

家庭

◎ 你有多少兄弟姐妹？

然后，教师和预先选出的学生一起在全班同学面前示范访谈/调查的整个过程，教师在白板上做记录，展示给所有的学生，并大声朗读“问题核对表”。

教师：现在，让我们试着了解我们自己，同时，也练习一下提问问题。

学生两人一对，一起示范这个过程。学生填完表格，请求对另一名学生进行采访，之后进行他们的访谈。

教师：既然现在有机会来提问和回答访谈的问题，你们觉得有没有问题需要修改或换个说法来问（例如，或许发现有的问题太难回答）？面试问题的顺序是否需要调整？

访谈彩排之后，教师创建一个分类图表，汇总受访者对每个问题给出的回答。图表5.1（下图）是填写的部分表格，回答的问题是：“你有没有宠物？”

宠物		猫	狗	马	仓鼠	蛇	鱼	鸟	其他
数量	4+	√	√				√		
	3							√	
数量	2				√				√
	1			√					

图表5.1　教师创建图表并汇总学生回答的访谈问题

当学生在教室里进行访谈不感到紧张时，他们便可以在教室之外的地方进行真正的访谈了。首先，他们给想要采访的人发出邀请（见图5.2），接下来，把他们想要提问的问题写下来——留下空间以记录在实际访谈中受访者的回答（见图表5.3）。访谈之后，教师让每个学生填写类似于图表5.4的“访谈核对表”，然后，学生们比较他们的回答。

尊敬的奶奶：

我们的课程要对现在和以前8岁孩子的日常生活进行比较研究，我们有一些问题要问爷爷奶奶以及与你们年龄相仿的朋友。我们想知道你们8岁时穿什么样的衣服，吃什么样的食物，做什么样的家务，养什么样的宠物以及你们所喜欢的有趣活动。您愿意在1月30日，星期三下午7点回答我的一些问题吗？我们可以在您家里见面。

真诚的

美莎

图表5.2　一名学生邀请她的祖母参加访谈。可以通过信件或电话的形式，发出访谈/口述历史的邀请

我的名字：______________________________

访谈对象：______________________________

我认识这个人是因为：______________________________

访谈日期和时间：______________________________

问题	答案
你最喜欢的食物是什么？	
娱乐时，你玩什么？	
你有宠物吗？谁照顾它们？	
放学后你最喜欢做什么？	
过生日时，你通常会做什么？	
你经常和朋友一起做什么？	
在家中，你有工作或者家务要做吗？你会因此获得报酬吗？	
如果你有麻烦，是什么让你陷入麻烦之中的？	
你受到过什么惩罚？	

图表5.3　访谈记录表的范本，是由全班制定的，以便利于问题的组织与回答

√	我是否：
	商定一个时间和地点进行面谈？
	分享面谈的目的？
	提问出我事先想问的所有问题？
	保持良好的眼神交流和积极的身体语言？
	提出跟进问题以便找到更多信息？
	感谢受访者的时间以及提供的信息？

图表5.4　学生访谈之后，他们填写的“访谈核对表”

基础读物预测策略

基本原则

在阅读之前，当学生对将要阅读的东西做出预测时，他们就已经设定了自己的阅读目的。然后，查看他们所做的预测是否在文章中有论据支持。此外，当学生分享并讨论他们的预测时，关于谁预测是正确的争论常常在友好的气氛下进行，这就增加了更多的动力来完成阅读任务。巴克利认为，写作可以帮助学生开发他们对即将阅读的基础读物故事的复杂预测。

总体描述

把学生分成两人一组，或把班级分成小组，然后按照下面的步骤进行（可以使用基础读物的故事或是大众书籍的故事）：

1. 让同伴或小组成员按顺序翻阅故事中所有的插图，然后，让每个同伴或小组成员选出一幅插图，大声地对其他的同伴或小组成员详细地描述插图里所发生的一切。

2. 在描述了每幅插图之后，让小组里下一名学生大声地预测这个故事下面将要发生的事情。

3. 当所有的故事插图都已讨论完之后，根据插图所描述的，让每个学生都写出自己的故事，预测该故事会发生什么事情。

4. 与同伴或小组成员分享他们的故事，并让他们对彼此预测的准确性进行讨论。

5. 让同伴或小组成员轮流大声朗读或者默读这个故事，检验他们的预测是否正确。

6. 让同伴或小组成员把原来的故事和他们预测的故事进行比较，讨论谁的预测更接近于实际的故事主线。

实例运用

两名二年级读者运用该预测策略来阅读由美国作家桑德斯写的《穿靴子的猫》一书，下面就是他们讨论的过程（注意：这个过程一直持续到所有插图都已讨论）。

步骤1

利昂：在第一幅图里，有三个男的，其中一个怀里抱着一只猫。看起来这只猫是他的，他很喜欢它。

迈卡：我觉得另外两个男人要把这只猫从这个男人那里带走（停顿）。轮到我来讲下一幅图，这个男人还是同一个人，因为他穿着一样的衣服，但是他看上去很年轻，像个男孩。猫在和他说话，他看起来很惊讶。

利昂：我觉得这只猫是在告诉这个男孩，它会照顾他的。

步骤2

利昂和迈卡对每一幅插图进行了预测和讨论之后，写下了以下的预测故事：

迈卡的故事

那只会说话的猫穿着华丽的衣服，它遇到一个坏人，接着遇到了一头狮子和一只小老鼠。这只猫使得这个男孩拥有了财富，并使他成为国王，而且这个男孩仍继续养着他的猫。

利昂的故事

这个男孩害怕他的猫，因为他的猫会说话。男孩试图甩掉他的猫，于是猫穿上衣服，走进森林里，见到了国王，国王让它把那个男孩子带过来，于是它照办了。

步骤3

利昂和迈卡相互分享了他们自己写的故事。迈卡坚持认为那个男孩仍旧喜欢那只猫，莱昂并不这么认为，但是当他与迈卡讨论之后，他不是很确定，他们俩都认为这个故事不是一个真实的故事。

步骤4

这两名学生阅读《穿靴子的猫》。

步骤5

利昂和迈卡进行了以下讨论：

利昂：我们俩没有一个人猜到这只猫可以把它自己变成其他的动物。

迈卡：是的，但是在关于这个男孩仍然会照顾那只猫这一点上，我说对了。这只猫是一只好猫，我也说对了。

利昂：但是关于国王那部分，我是对的。它（猫）去见国王，并竭力为它贫穷的主人赚钱。

迈卡：在某些方面你是对的，而在某些方面我是对的。

排序法

基本原则

某一主题的信息通常是信息来源广、形式多种多样，但是当准备使用该信息时，我们会发现很难记住并使用这些支离破碎、看似不相关的信息片段，而所获取的信息不经加工就直接使用的情况非常少见。排序策略是我们把新信息整理组织成一定的模式，根据这些模式，我们可以添加新信息或从存储器搜索信息，以便对已保存的信息进行检索和使用。

总体描述

对信息进行排序可以按照以下的方式排列：字母顺序、数字顺序（从大到小，反之亦然）、时间顺序（分钟、小时、天、周、年）、空间顺序（由远至近或由近至远），正常顺序或事情发生的顺序，或者对用户的重要性的顺序。相同的信息可根据不同的目的与要求，按照不同的形式进行排序，但如果不是所有的信息都按照一定规律排序，排序便变得更加复杂。

实例运用

在教室里，教师将全班分成五个小组，然后给学生看由莉芭·摩尔·格雷写的《蒂兹小姐》的书，《蒂兹小姐》是关于一位与祖母相仿的女性与邻居的孩子们一起做游戏的故事。

教师：当我给你们读这个故事时，我想让每个小组专注于这个故事的一个部分。我想A组的每个人都画一幅画，是关于蒂兹小姐和孩子们在周一做了什么事情，B组的每个人画的是周二的，C组画周三发生的什么事情，D组画周四的事情，以及E组画周五的活动（在故事讲到一半时，教师停止朗读，给每一组一定的时间来画他们的画，当所有的画都全部画完时，教师便继续讲故事）。当我读这个故事的其余部分时，我想每个小组都关注了之前让你们关注的那一天，但是这一次我想让每个人都画一幅画，画的是孩子们为蒂兹小姐所做的事情。A组你们画第一个活动，B组画下一个活动，依此类推。

教师讲完这个故事之后，各小组就开始画他们的画。当学生们画完他们的画之后，便以班级为单位聚在一起。按照学生所画的，教师按照这些画在故事中发生的顺序，把画贴在白板上。

教师：我们了解了蒂兹小姐和孩子们每周每一天所做的特别的事情。让我们想想每周每一天我们班级所做的特别的事情吧，与你们在故事中所关注的保持一致，为同一天。与小组成员讨论那一天我们班有什么事情发生，并且小组的每一个人可以画一幅画。（之后）今天，放学回家后，和父母谈谈你们每天校外所做的特别的事情。在我发给你们的图表上（见图表5.5），画一幅画或贴上贴画来显示在学校里你们每天所做的事情，例如，在图表上，我贴一张祖母的贴画，因为每个星期一我都去拜访祖母。每个星期二，我都去看儿子踢足球（停顿）。我们经常安排一周的时间，你们觉得为什么我们要根据一周的活动来安排我们的生活？

玛拉立：我们每天可能有一些特殊的需要。如果我想在周二踢足球，那么我一定要确定所有的衣服和装备在那天都准备好了。

斯蒂芬：如果我知道每个周五都会有一次拼写测验，那么我就会提前学。

教师：日历是如何帮助你们的父母的？

鲍比：他们知道何时去练足球，何时去赴医生的预约，何时去买生日礼物，何时去度假。

	星期一	星期二	星期三	星期四	星期五
蒂兹小姐和孩子们	烘培饼干	编故事，木偶表演	演奏游行音乐	画画	化装表演
孩子们	带饼干给蒂兹小姐	在蒂兹小姐的窗外看木偶表演	表演击鼓，发出柔和的鼓声	画画，并把所画的画放进蒂兹小姐的邮箱里	戴上好玩的帽子，并给蒂兹小姐留下一个茶盘
我们的课程	图书馆 	艺术课 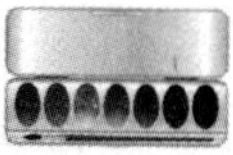	音乐课 	机房 	表演剧 
我	奶奶 	足球 			

图表5.5 “排序图”有助于学生组织信息，使之条理

教师：我们可以用不同的方式来整理。你们可以画一个笑脸图（见图表5.6），将你们做的五件事，按照你们最喜欢到你们最不喜欢的顺序排序。在我的图表上，我把“与小狗玩耍”写在四张笑脸这一栏的下面，把打扫房子列在没有笑脸的那一栏里，你们会把什么事情写在四张笑脸的下面？

阿曼达：骑脚踏车。

乔丹：我和奶奶做饭。

教师：什么时候我们会根据自己喜欢事物的程度来组织观点或事务？

苔丝：当我们决定在空闲时间里想做哪些我们喜欢做的事情时。

劳拉：当我们需要决定如何花钱的时候。

大卫：这可以帮助我决定与家人和朋友如何一起度过时光。

教师：我们已经知道，可以为每周的每一天进行排序，也可以按照这一年的活动，或是根据事情对于我们的重要性来进行排序。

☺☺☺☺	☺☺☺	☺☺	☺	

图表5.6　对于年龄偏小的学生，可以使用“笑脸图”进行排序

概要图式问题策略

基本原则

教材里的许多问题似乎妨碍而非提高理解力，例如在教师手册里所建议提问的问题就不太可能帮助学生把某一话题的核心思想整理并内化为自己的东西。因此，学生们需要知道如何以事件和故事核心思想的逻辑结构为基础来提出他们自己的问题，也需要教师教导他们如何把事件和观点联系起来，并引入故事结构。

总体描述

辛格和堂伦（1982年）提出了名为“概要图式问题策略”，把叙事（故事）结构的关系连接起来。通过运用这种策略，学生决定故事的起点，然后以总结的形式列出构成情节的主要事件和思想，以及指出事件之间的联系或故事的主旨。隐含的观点虽没有直接说出来，但却是故事的一部分。最后，学生提问问题，收集与思想和事件的进展相匹配的信息。

具体地说，要指导学生以口头或书面形式问自己下面的问题：（1）主要人物；（2）设定目标；（3）提出问题；（4）解决问题；（5）归纳主题。

主要人物

◎ 谁是主人公？

◎ 该主人公是做什么工作的？

◎ 从他或她所做的事情中，我对该主人公有了哪些了解？

设定目标

◎ 主人公想要什么？

◎ 在我得知主人公的目标之后，我对该主人公有了哪些了解？

◎ 主人公做什么来达到他或她的目标？

◎ 通过主人公所做的事情，我对主人公有了哪些了解？

提出问题

◎ 主人公遇到的第一个问题是什么？

◎ 主人公是怎么应对的呢？

◎ 由于该问题，主人公发生了怎样的改变？

◎ 这件事告诉了我有关主人公的什么事情？

解决问题

◎ 主人公得到了他或她想要的东西吗？

◎ 什么对于主人公的帮助是最大的：主人公自己可以控制的力量还是主人公自己不可控的力量？请举例说明。

主题

◎ 故事的主题主要讲述的是关于（1）与自我的斗争；（2）与自然的斗争；（3）与别人的斗争？

实例运用

三年级的一个班级使用该策略，有逻辑地对布莱恩·伯彻尔写的《卡湖，谨慎的几维鸟》一书进行事件和想法的整理。图表5.7是一名学生采用概要图式，为该故事所写的总结。

概要图式问题策略	
姓名：朱莉　日期：11月23日 书名：《卡湖，谨慎的几维鸟》	
	用你所学的问题，按照如下次标题，简要总结这本书的内容。
主要人物：	卡湖是主要角色，几维鸟是一种很害羞的鸟，生活在新西兰。卡湖长大了，不能和父母再住在一起了，所以他离开家，独自生活在一棵柏树上。我知道卡湖非常勇敢，独自离家并成长起来。
写作目的：	卡湖只想过一种平静的生活，白天睡觉，晚上找虫子。我知道几维鸟过着非常简单的生活，他真正想要的并不多，只希望能够独自生活，这不是真正的目标，但这就是他想要的生活。
问题：	一位猎人和他的狗一起打猎，狗儿们追赶着卡湖。他跑进了灌木丛里逃脱了狗的追赶，但却掉进了陷阱里。一只野猫试图袭击卡湖，但他用爪子抓伤了猫的脸。卡湖变了，因为他很害怕并感到很孤独。我敢打赌，他希望他没有离开家。
解决方案：	卡湖最终得到了他想要的平静生活，但不是马上得到的。首先，一个小男孩出现了，把卡湖从陷阱里救了出来。他把卡湖带回家，而且他们成为了好朋友。他帮助卡湖把腿伤养好，他总是在小男孩的身边转来转去，跟着他去上学，老师见到他。老师说几维鸟是人类保护的鸟类，男孩应该把他放回到灌木丛中。因此，卡湖无法控制的因素使他得到了他想要的生活，因为这个男孩让他回到灌木丛，这让他真的很开心。
主题：	这个故事主要讲述的是几维鸟和这个世界的斗争，因为他在大自然里会很开心，但像陷阱这种人类制造的东西给他带来大麻烦。

图表5.7　一名学生使用“概要图式问题策略”来总结《卡湖，谨慎的几维鸟》这个故事

视觉化（数字）读写策略

基本原则

有这么一句至理名言：“一幅图胜过千言万语。”很多学生需要视觉的刺激来帮助他们理解他们周围的世界——即，帮助他们内化他们所阅读的东西。今天的学生成长在一个数字化的世界里，他们可以分析故事，然后使用数码相机和编故事软件来创作一个他们自己的故事。使用该策略，学生学会用不同的观点来看待事物，制订一个有序的计划，并且把这一观念应用到自己的生活和活动中去。

总体描述

学生可以在线使用数码照片，或者使用数码相机拍他们自己的照片。他们可以自己画图，并把图扫描到电脑上使用，或者在网上搜索免费的剪贴画（或合适的软件程序），给特定的网站设定电子书签，以确保安全搜索。可以让全班学生一起设计一个项目，然后把班级分成几个小组，每个小组负责该项目的一部分。此外，几个小组可以一起协作来创作不同的故事（主题和版本）。当学生经历了几种视觉化读写策略的使用之后，每名学生都可以开展自己的项目。

项目可以集中于故事的开始、中间和结尾，学生可以创造角色，设定场景和问题以及推动情节的发展。教师可能希望这些项目，如同社会科学或自然科学一样，受到大家的特别关注。

实例运用

《母鸡萝丝去散步》是佩特·哈群斯写给孩子们的一本书，萝丝是一只母鸡，穿过谷仓前的空地去散步。

教师：谁能告诉我们，在这个故事里，萝丝遇到了什么事情?

本：心怀不轨的狐狸正悄声无息地尾随着母鸡萝丝，但是她却浑然不觉身后的危险。

凯茜：萝丝钻过栅栏，越过干草堆，走过农场。狐狸磕磕绊绊，麻烦不断。

琳：母鸡萝丝安全地回到谷仓，狐狸最终也没有抓住她。

教师：是的，狐狸跟着萝丝，每次都很倒霉，而萝丝总能化险为夷。萝丝走在农场上，从不同的东西下面走过、旁边绕过和里面钻过……我有一个想法——让我们在操场、学校或社区计划一次旅行。我要把大家分成三个小组，在自己的小组里，你们计划部分的散步路线，正如萝丝那样，你们要从某些物品下面走过，旁边绕过，里面钻过，或是上面翻过。

给学生分完小组之后，教师带领学生们进行一次简短的实地考察，这样他们就可以计划他们的散步路线。

教师：当回到教室的时候，我想让每一组都交给我一个计划，这样我把每个计划写在白板上。如果有两个小组交给我的计划是相同的，那么第二组需要再给我一个不一样的计划（在做了一次简短的实地考察回到了教室之后，每组分享了各自的散步计划）。有两个小组计划在树下散步，还能想到可以在什么物品的下面走?

克劳迪娅：我们组想在单杠下面走。

教师：好的。现在，利用白板上的信息，我想要你们以小组为单位，画一幅你们散步的地图。你们可以画画或者用符号做标志来帮助你们记住路线，也可以给这些标志过的地方拍照片，每组可能有一个不同的故事。每个人都准备好回到外面了吗？从你们小组中选出一名同学负责拍照，我会发给那名同学一个照相机（停顿）。我已经邀请六年级的大朋友过来和我们一起，他们可以帮助你们。当我们回到教室时，你们的大朋友会帮助你们把照片下载到电脑上，选择你们想要保存的照片，并为你们的小组整理照片。

稍后回到教室，大朋友们帮助学生把照片下载到电脑上，然后学生把电脑作为学习中心，各小组轮流将照片导入到一个软件程序（例如儿童绘画和动画制作软件Kidpix）。接下来，学生把自己的照片上传到他们班级的网站上，这样他们的作品就可以让父母和祖父母看到了。

相关信息

这种策略对于年纪大一些的学生也可以使用，示例如下。

学生参与的数码拍照项目涉及五个地理方位的布景主题：（1）具体位置；（2）场地；（3）人与环境的互动；（4）区域；（5）物体的移动。在经过头脑风暴举出例子并讨论这些主题之后，学生使用数码相机拍下他们附近的五个布景主题，并把图片导入到演示软件，然后添加幻灯片来解释他们为什么做出这样的选择。接着，学生们开始对不同文化的历史进行项目研究，他们读玛姬·伯恩斯骑士和插画家安妮·西布利·奥布莱恩所著的《会说话的墙》，这本书（以及软件）展示出墙能讲述来自世界各地的不同文化、地点和历史的故事。通过对不同类型墙的理解——这些墙可能代表着包围、保护或分离，学生们开始对生活在墙壁旁边的人们有了一些了解。

教师：你们能想到在美国其他州——甚至是世界别的地方，有能够体现当地人们生活的墙吗？

安迪：我参观过表哥所在的佛蒙特州，在他们操场上，有一块瓷砖墙，每个学生设计其中的一块瓷砖，我表哥在他所设计的瓷砖上画了他们一家。

教师：我们可以使用ePals（安全社交学习网络）让你表哥拍张照片传给我们，我们还可以问其他国家的学生一些什么事情吗？

布赖恩：我们可以让他们拍张照片或是画幅画发给我们。

学生可以与其他的社区进行交流，分享他们所知道有关自己社区的信息，并与来自世界其他地方的学生一起探索和分享他们的社区和文化。

第六章

中年级学生的提问策略

批判性思维的核心是对大量可选择的事物进行反思与思考，作为进入中年级的学生，他们要为进行程度更高的独立性思考做好准备。因此，当学生们用新颖、独特的方式开始理解他们所读的东西时，就是时候鼓励学生根据内容提出经过自己深思熟虑的问题。

配对阅读法

基本原则

配对朗读体验有两大优势：(1) 大量的学生可以同时练习阅读；(2) 两名学生一对，全程积极参与，既为读者又为听众。配对阅读，或二人阅读。第三大优势就是：学生必须有目的地听，然后再总结一下刚才说的，读者要求听众根据语篇提出批判性问题。学生很快就学会互相提问更高层次的问题，而不只是简单的是或否的问题。

总体描述

配对阅读是一种相互促进的口头诵读形式，通过总结与提问，为日益重要的批判性思维技巧提供更多的形式。可以通过使用以下程式来教授该策略：

1. 选两名学生，让其中一名大声朗读一段（年龄小的孩子可不必朗读一段，只需朗读一句即可）。

2. 这名学生读的时候，其他的学生就认真听，然后总结（以口头的形式大声说出来或以书面的形式写下来）这一段落的内容（为了形式多样化，第二名学生可以画出所读的内容，然后描述一下这幅画）。

3. 让读者给听众提问具有批判性思维的问题。

4. 鼓励学生对答案进行讨论，在有争议的地方，让学生再重新读一下段落，找到能够支持他们答案的论据。

5. 让学生互换角色。

当认为学生们已准备好独立运用这一策略时，把全班分成两人一组或三人一组（在三人一组中，一名孩子的英语水平有限或是无法阅读，这名孩子可以通过先听别人读，然后再听别人总结，来掌握这篇文章的要点）。

实例运用

三名五年级的学生正在读妮娜·鲍登写的《家庭之外的孩子》，这本书讲的是一个小女孩发现她有个同父异母的哥哥和姐姐。

莱拉大声朗读下面的段落：

与柏拉图的母亲交谈比我原本认为的要容易些，她偶尔还问几个问题，但是她坐在沙发的一头，一言不发地听着，直到她想起潘多拉。她让我躺下来“休息”，就好像我是个病人。柏拉图坐在地板上，背靠着墙，手抱着膝盖，面带思考的表情，认真地听着。我本应该告诉他们真实发生的一切，但是我并没有告诉他们当艾米开始尖叫时我的感受。那是很久以前，我犯下的罪过，太羞于启齿了。

萨曼莎（总结该段落）：简担心过和柏拉图母亲的交谈，但其实这不是什么大问题。实际上，母亲是一位很好的倾听者。简羞于告诉他们发生的一切，而且她也想知道柏拉图对此有何反应。

第三个孩子叫瑞琪儿，不太会说英语，但是她可以很快地理解这一段，并对萨曼莎的总结提出了不同的观点，瑞琪儿把她画的画与莱拉和萨曼莎分享。

教师：莱拉，你对你的总结还有其他的补充吗？

莱拉：简也躺下来，因为柏拉图的母亲一直把她当成病人（对着萨曼莎说）。你认为当柏拉图的母亲听了简的故事之后，简期待柏拉图的母亲做些什么？如果事情比她想象的容易些，那么你认为她原来认为会发生什么呢？

萨曼莎：我认为她原认为柏拉图的母亲会感到很震惊。

莱拉：她为什么会感到震惊呢？她告诉他们所发生的事情，但是没有把所有的一切都告诉他们。她省略了很糟糕的那部分，例如，书中写道："我没有告诉他们当艾米开始尖叫时我的感受……太羞于启齿了。"

“奇思妙想笔记本”策略

基本原则

在学生上小学之前，他们往往会特别喜欢问问题。大部分家长都有过被他们的孩子们问十万个“为什么”的经历，但是，等孩子到了一定阶段之后，他们就不再问为什么了。“奇思妙想笔记本”策略鼓励学生重新开始问为什么，他们便会进入“一所充满好奇的学校”。

总体描述

引发奇思妙想的问题很广泛，而且能够培养学生富有哲理的思维能力，这些问题经常不仅限于一门学科，因此，学生可以运用多角度来思考。哈维和古德维斯推荐使用以下几个步骤：

1. 为学生示范一些具体的问题实例，这些问题能引起学生的奇思妙想。

2. 给每名学生发一本记录奇思妙想的笔记本，让学生把他们思考的任何问题都记录在这个笔记本里。

3. 在看完一段录像、开了一次大会或是学习某一课程之后，问学生是否有任何的问题。例如，学习了电之后，学生可能想知道遥控装置或车库的自动门是如何工作的。

4. 读完一个故事或一本书之后，学生可能会问，他们是否曾经与作者本人见过面。

5. 让学生和全班一起分享他们的问题。

6. 给问题分类。重新读每一类的问题，看是否有“大的”问题或者“重要的”问题。

为了使学生能够提出问题，可以设计课程，布置研究课题或建立学习园地。

实例运用

教师计划给学生介绍“奇思妙想笔记本”策略。

教师：今天，我们要学习有关如何提出一些奇思妙想的问题。我首先给你们举一些例子，是我自己奇思妙想想出来的问题：

◎ 为什么积雪会先在树的下面（在有树荫的地方）融化，而不是在照见阳光的树上呢？

◎ 为什么我们会设立海关？

◎ 世界上每个人当他们快乐时，都是会笑吗？当他们伤心时，每个人都会哭吗？

◎ 为什么飞机能飞而我不能呢？

◎ 为什么有些照片看起来像我能走进去呢？艺术家是如何做到的呢？

◎ 宇航员是如何上厕所的呢？

◎ 有时刮大风感觉好像风可以把我吹跑，风真能把我吹跑吗？

我现在要给你们每人一个笔记本，把你们想到的奇思妙想的问题写下来。在这一年之内，可以把想到的奇思妙想的问题都记到这个笔记本里。

给学生一些时间写下并讨论一些他们自己想到的奇思妙想的问

题，之后教师让学生读凯瑟琳·帕特森写的《通往特雷比西亚的桥》。

教师：现在你们已经读完这本书了，关于这本书你们有没有一些奇思妙想的问题？

关于书中的人物，学生提出了几个问题：

◎ 如果杰西和梅比莉再长大十岁，事情会变成什么样？

◎ 为什么作者要写一个如此悲伤的故事？

◎ 故事结束之后，杰西会发生什么事情？

◎ 如果杰西长大了，他会做什么？他会当一名跑步运动员，还是当一名艺术家？

◎ 为什么作家让一名男孩和一名女孩做朋友？五年级的男孩和女孩做好朋友是很平常的事情吗？

◎ 作家认识一些像杰西和莱斯莉那样的男孩和女孩吗？

教师：我们能一起把这些问题分一下组吗？

拉尔夫：有两三个问题是关于未来的，是在故事结束之后的。

伊迪：关于作家有几个问题。

教师：你们认为我们可以找到这些问题的答案吗？或者可以收集到一些信息，能够帮助我们引发很好的猜想。

汤姆：一些作家有网站，而且有时有人也专门写一些作家的故事，我们可以上网查找。

教师：还有其他的主意吗？

波拉：或许我们可以给这个作家发电子邮件或给她打电话，看她是否会回答我们问题。

于是，学生把关于人物的问题分成两类：（1）当故事发生时和

（2）故事结束之后。

学生在网上搜集资料，并找到其中一些问题的答案，但是不是所有的问题都能找到答案。他们决定把他们还没有回答出来的问题寄给作家，他们也咨询作家，问她是否能到他们学校参观或者通过电话、因特网来与他们交谈。

"我—搜索"策略

基本原则

对某一特别感兴趣的主题进行信息搜索，然后从所搜索的信息中提炼出观点与别人进行交流，这是一种学习上的探索。"我—搜索"策略可以帮助孩子寻找关键信息，意识到每一篇研究论文的背后都有一个自己的故事（虽然"我"这个代词已经在这类学术论文中很少使用）。该策略可以帮助学生发展研究技能，同时为他们提供有关信息搜索的背景经验。

总体描述

弗雷德曼建议在教授学生使用"我—搜索"策略，分三步走：（1）问题的确定；（2）信息的搜索；（3）撰写论文。

问题的确定

和学生一起，集思广益列出他们感兴趣的主题，从这些主题中选出他们最喜爱的主题，给学生分组，列出关于该主题所提问的问题之后，编写该主题的报告。

信息的搜索

给学生示范如何使用因特网、图书馆的资料和普通图书，或者对资源人士进行访谈以获取信息来回答他们所提出的问题。

撰写论文

让学生遵循一种特定的格式——要求他们根据研究任务，问自己三个关键性的问题。在他们开始研究之前，他们会问其中的两个问题，当研究完成时再问最后一个问题：

（1）我想知道什么？（问题的确定）

（2）我将如何找到所需的信息？（流程）

（3）我发现了什么？（总结）

把这一活动介绍给全班之后，与个别学生一起或以小组合作的形式来完成它。把给主题提的建议写在白板上，并把学生所知的关于该主题的所有信息单独写在一栏里。接下来，为每个学生或小组提供一张“我—搜索”活动记录表（见图表6.1）。

学生通过给自己提问问题，向他们介绍一些做研究的基础知识（包括参考书目的准备）。“我—搜索”活动记录表为研究论文提供了基本的格式，而笔者的任务是充实各部分的内容，然后把它们整合成一篇完整的报告。“我—搜索”活动记录表提示学生他们必须遵守的流程和必须回答他们自己提出的关键性问题。

实例运用轻松100课教会孩子阅读英文

两名学生合作，运用“我—搜索”策略来学习“拉美裔”这一主题。

（1）我想知道什么？拉美裔的两名孩子进行头脑风暴，最终决定对主题进行调查，提出问题：“拉美裔美国人为美国做出了什么贡献？”

他们把该问题写在活动记录表的开头位置，进行了讨论，然后把关于该主题他们所能想到的全部事情，以及要提问的所有问题都写在信息栏部分。

<table>
<tr><th colspan="3">“我—搜索”策略</th></tr>
<tr><td colspan="3">姓名：胡安和迈克　　日期：1月16日
主题：拉美裔美国人对美国在哪些方面做出了贡献？</td></tr>
<tr><td>我/我们已经掌握了哪些知识?</td><td colspan="2">信息：
在很多方面，拉美裔美国人对美国做出了贡献，我们所庆祝的五月五日节就源于他们，他们所讲的语言是西班牙语，他们开了很多的墨西哥餐馆。</td></tr>
<tr><td rowspan="2">我/我们如何查询我/我们所需要的信息?</td><td>资源：
《对美国做出贡献的拉美裔美国人》</td><td>从资源中得知：
有著名的教育家、科学家、商人、演员、艺人、运动员、医生、政府官员，和工会领袖。</td></tr>
<tr><td>《当代传记年鉴》</td><td>许多人对拉美裔人存在偏见，他们出身贫寒，很难出人头地，但有些拉美裔人发奋图强，最终成功了。</td></tr>
<tr><td>我/我们发现了什么?</td><td colspan="2">1. 拉美裔人在美国社会的各个方面上发挥着重要的作用。
2. 一些拉美裔人非常贫穷，过着艰难的生活，他们饱受偏见，但不是每个人都感激他们所做的贡献。
3. 拉美裔人为我们生活的方方面面都做出过贡献，他们当中有医生、律师、科学家、政府官员、艺人、演员和运动员。</td></tr>
</table>

表6.1　当学生研究“拉美裔”这一主题时，采用“我—搜索”活动记录表

（2）我如何找到所需的信息呢？在教师的指导下，学生们发现了两大资源：一本叫《对美国做出贡献的拉美裔美国人》的书和名叫《当代传记年鉴》的参考书。学生们记下文献书目的信息，并从这些资源中收集信息。

（3）我发现了什么？学生们总结调查结果，并在必要时修改之前已做的研究。根据所做的调查，他们有了一个惊喜的发现，拉美裔的文化遗产比他们原先想象的要远远丰富得多，不仅仅是炸玉米饼和五月五日节（墨西哥节日）。

学生提问策略

基本原则

“学生提问策略”是用来帮助学生提高意义构建能力的策略，学生根据语篇提出自己的问题，并通过阅读找到答案。

总体描述

这个过程包括向孩子们展示如何提出关键问题，以便阅读时他们能吸收重要的信息。要做到这一点，阅读时学生需要学会内化以下几步：

1. 浏览阅读材料。

◎ 浏览封面和插图。

◎ 阅读标题和副标题。

◎ 阅读引言和总结。

2. 关于这个话题提问一个问题。

◎ 使标题变成问题。

◎ 把问题写下来。

3. 读一下文章，找到该问题的答案。

◎ 写下答案。

◎ 确定该问题是否是一个好的关键问题。

◎ 如果必要，修改问题。

4. 关于这个话题再问另一个问题。

◎ 确定是否可以在阅读中找到该问题的答案。

◎ 把问题写下来。

5. 阅读更多的段落，找到问题的答案，并在阅读的过程中继续思考，想出更多的问题。

◎ 把问题写下来。

◎ 写下答案。

6. 把在文中找不到答案的问题记下来，留着稍后进行研究发现答案。

实例运用

一名四年级的学生使用“学生提问策略”来构建文本的意义，该文本是由R. L. 怀特海德所编的《怀有使命的年轻人：艾伯特·史怀哲》。

1. 浏览材料。学生通过看插图和阅读第一段（一些解释性的文本没有引言或总结）来通读文本 。

2. 提问一个关于主题的问题。学生把问题写下来："阿尔伯特·史怀哲的使命是什么？"

3. 阅读文章，回答问题。学生阅读文章，并给出了该问题以下的答案："阿尔伯特·史怀哲的使命是在非洲当一名医务传教士，帮助那里的人们。"然后，学生考虑她问的问题是否好，是否是关键问题。

4. 关于这个主题再提问另一个问题。学生思考到目前为止她已读过的内容，然后写道："史怀哲可曾后悔自己做出的成为一名医务传教士的决定吗？"

5. 阅读文章的更多段落，找到问题的答案。这名学生继续往下读，很快找到了问题的答案。她写道：

阿尔伯特·史怀哲已经下定决心，没有什么可以动摇他。他没有钱上大学，别人试图说服他放弃梦想。妻子生病了，不得不去瑞士定居，他只能偶尔地去看望她。但是他热爱着他所投身的事业，并极为成功地救治了许许多多的人，因此，我认为他不曾后悔过。

6. 把在文中找不到答案的问题记下来，留到稍后进行研究。史怀哲的故事深深吸引着这名学生，她写下了下面的问题：

◎ 位于兰巴雷内的史怀哲博士医院现在还在运行吗？

◎ 他是怎么死的？

◎ 非洲人民想不想知道为什么一位白人要这样帮助他们？

◎ 他有没有得过什么严重的疾病？

◎ 他曾经因为勇气和胆量而赢得过奖吗？

“写作认知策略教学”法

基本原则

“写作认知策略教学”法（CSIW）已证明是有助于学生说明文写作的策略，把阅读策略与写作策略结合起来可以提高学生说明文的写作能力，帮助他们理解不同文章的内容结构和组织结构，并通过自问，提高学生自我构建意义的能力。

总体描述

“写作认知策略教学”法已被中年级学生使用，通过自问以帮助他们说明文的写作与阅读。这一方法基于四大原则：（1）篇章分析；（2）示范；（3）指导实践；（4）独立写作。

篇章分析

为学生示范如何依据篇章结构——顺序、问题/解决的办法、列举、比较、描述或原因/结果，来分析一篇文章。可以使用你曾经写过的东西，或者从一本书中选出一段来进行演示。

示范

选一个主题，符合某一特定的写作组织结构，然后使用“思考单”来示范如何计划并组织一篇写作（见图6.2），下面的问题是有用的。

◎ 我的主题是什么？

◎ 我在写谁？

◎ 关于该主题，我已经了解了什么？

◎ 我在哪里可以获得更多的信息？

◎ 什么样的组织结构是有意义的？

◎ 开始的想法是什么？

◎ 最终的想法是什么？

指导实践

让学生自己选择所写的主题，并撰写他们自己的论文，在必要时，征求教师的指导。

独立写作

经过大量的指导实践，运用不同的文章组织结构，给每个学生提供“思考单”，让学生独立计划并组织自己的写作。鼓励他们如作家所常做的那样，把几种结构整合在一起。

实例运用

一名四年级学生使用“写作认知策略教学”法，写一篇关于给小狗洗澡的说明文（见表6.2），这是他第一次独立尝试使用该方法。

“写作认知策略教学”法
姓名：兰迪·H　　日期：1月18日 主题：小狗洗澡
我的主题是什么？ 给小狗洗澡。 我要写给谁？ 我的家人、教师和同学要读这个故事。

我已经知道关于此主题什么信息?
每周我给小狗洗一次澡，我真的很擅长给小狗洗澡，但是多数人不行，多数小狗不喜欢洗澡。
我从哪里可以找到更多关于此主题的信息?
因特网上有很多信息，图书馆中可以找到一本叫《宠物护理》的杂志，我也阅读了关于小狗和宠物的其他书籍。
我将采用什么样的结构组织文章?
因为按照合理的顺序做事情，因此我认为应该按照顺序写。
最初的观点是什么?
因为许多小狗和我家小狗一样不喜欢洗澡，所以你只好讨好它们，我将要讲述的是如何用玩具老鼠或一块狗啃的骨头来讨好我的兰迪。
最终的观点是什么?
洗完澡后的小狗焕然一新，不仅你感到自豪，连小狗也有同感。

表格6.2 “写作认知策略教学”法是说明文写作的一种有效策略

元认知阅读策略

基本原则

当学生在学校阅读时，需要在教师的指导之下，发展其元认知（或自我监控的）阅读策略，以便把这些重要的技巧内化为学生自己的阅读行为。元认知阅读策略使读者有意识地监控添加多少内容到阅读任务中，使读者清楚阅读任务，明确要达到的期望。该策略帮助读者了解他们的理解何时有误，是否有误，以及应该采取什么措施来纠正。

第六章
中年级学生的提问策略

总体描述

费城市教育局通过1986年颁布的《考绩制度》第二章开发了元认知策略，大大地促进了学生对理解力的自我监控。该项目的赞成者解释道，当读者流利地进行阅读并能很好地理解篇章时，就认为“阅读流畅”。但是，如果遇到理解不了的内容——例如，一个生词、一种指代，或是一种观点——读者就遇到了“阅读障碍”。熟练的阅读者通常能意识到遇到的难题，并能采取措施来解决。该策略给出七个步骤来解决阅读的理解难题，在这里改写成了自问格式。

1. 我读得过快吗？需要指导学生在阅读不同题材材料时，阅读的速度也是不同的，例如，阅读社会学科教材与阅读推理小说的速度是不一样的。因此，学生首先要质疑的是他们的阅读速度，根据所阅读的材料来决定他们是否应该再慢点读。

2. 如果我继续往下读，那么作家会对所遇的“阅读障碍”做出解释吗？往往一个生词、观点或指代需要充分的解释，因此如果读者有足够的耐心，会发现通过上下文或文中新信息的出现，文义可以自现，意思过一会儿就会清楚。

3. 我应该重读我刚刚读过的内容吗？往往第二次阅读一篇文章，同一个读者会有更深的理解；有时，有的词被误读或被漏读，重读时可以纠正过来。

4. 我应该研究一下文本提供的图表、地图、表格、图形或其他辅助材料吗？说明文的图表提供的信息量是很大的，学生需要学习这些重要的文本补充材料。

5. 对于不熟悉的词或观点，我可以查一下词汇表、字典或课本吗？当词汇是问题时，学生需要承认其知识的不足，并且知道怎么做可以弥补。

6. 关于该难题或问题，我应该和另一名同学交流吗？在以孩子为中心的课堂上，学生毫无拘束地与值得信赖的朋友一起讨论，扫除理解上的障碍，对问题进行充分的讨论常常有助于学生解决该问题。

7. 教师可以帮助解决该问题吗？因为积极的元认知自问技巧的精髓就是帮助学生成为独立的思考者，所以这最后一步是最后一招。但是如果学生意识到他或她没有理解，这对学生也是有益的。当用尽所有的招数之后，教师或成年人可以经常地在可能有问题的地方给予学生一些启发。

实例运用

一个六年级的男生正在读一篇题为《加泰罗尼亚，拥有传统的现代化地方》，这个男孩自问自答的文字记录显示了这名学生是如何使用元认知阅读策略解决理解上遇到的难题的。

该学生读道：

加泰罗尼，是西班牙的自治区，拥有自己的文化、语言和特点，每年4月23日的圣乔治节（纪念加泰罗尼亚守护神的节日），节日当天玫瑰与书籍变成了加泰罗尼的一部分。

该学生就迷惑了，他不理解玫瑰与图书怎么就变成了“加泰罗尼的一部分”，这是什么意思呢？

他开始按照元认知阅读策略，给自己提出不同层次的问题。

1. 我读得太快吗？或许是吧。这是有关社会研究的，因此我想应该放慢阅读速度，我要把速度放慢一点，在我看来，这不成问题。

2. 如果我继续读下去，作家会对该“阅读障碍”做出解释吗？好吧，我就试着读读看。

他读了下面的一句话：

玫瑰代表着和平共处、美好的爱情和团队精神，而书籍代表的是文化和对语言的热爱。

啊，我明白了，这个男孩心里想。书籍和玫瑰花象征了某些事物，该地区的人们用它们来寓意他们对这里的感情，但是现在我仍对和平共处这个单词感到不解，我不知道这个词是什么意思。

3. 我应该重读我刚刚读过的内容吗？又重新读了一遍，但我还是不知道这个词的意思，不过我很确定玫瑰和图书是某些事物的象征，只是不确定玫瑰象征的“和平共处”是什么意义。

4. 我应该研究一下文本提供的图表、地图、表格、图形或其他辅助材料吗？这有一幅地图，显示加泰罗尼只是西班牙的小部分，巴塞罗那是其中的一个城市。地图对阅读有帮助，但这个词的意思却不得而知。

5. 对于不熟悉的词或观点，我可以查一下词汇表、字典或课本吗？该书没有附词汇表，因此我在课本里找不到答案。我可以查字典，上面说“和平共处”意思是“一起存在或同时存在”，我仍不理解玫瑰代表“一起存在”是什么意思。

6. 关于该难题或问题，我应该和另一名同学交流吗？我会试一试（他给朋友托尼大声朗读这段话，问他的想法）。托尼说他认为讨论的是加泰罗尼人们在一起和平地共同生活，有点像是加拿大的英国人和法国人居住在一起或和平共处。我认为托尼是对的——对于我来说，这样是说得通的。

7. 我应该问教师吗？在这个问题上，该学生没必要去咨询教师，他就可以顺利地读完该文，继续给自己提问有关文章意义建构的问题。

“浏览、提问、阅读、复述、复习”五段学习法

基本原则

学习方法是学生可以学会的策略，通过各种方式的自问自答，帮助他们提高理解力，学习书面材料。这些策略是以学生为主导，而非以教师为主导，帮助学生记住内容材料，这比学生单纯通过阅读材料来记忆的效果好。或许在这些策略中，最有名的是罗宾森提出的“浏览（Survey）、提问（Question）、阅读（Read）、复述（Recite）、复习（Review）”五段学习法，即SQ3R（SQ3R是由英语Survey、Question、Read、Recite、Review五个词的首字母组成，分别代表上述五个学习阶段）。

总体描述

在课堂上花时间给学生演示如何进行SQ3R五段学习法，这一点很重要，并且在学生能独立完成各步骤之前，需进行分组练习，迟早有一天，学生会在脑海里铭记每一步。

1. 浏览。请与学生一起选择一篇文章，首先浏览一下该文章，大

声地朗读副标题和主标题、引言和概要，查看并讨论如地图、图表或插图等视觉辅助材料。教师为学生解释，这种初步的浏览为以后组织阅读中的信息提供了一个基本的框架。

2. 提问。根据副标题、主标题和题目，给学生示范如何提问题。带着问题去读，更能有的放矢，在下文找到答案。鼓励学生积极提出问题，给出你期望学生通过阅读回答的问题。

3. 阅读。与学生一起阅读文章，找到问题的答案，可以把想要写的笔记写在白板上，让学生模仿教师（带着目的阅读，写心得，做读书笔记是很有益处的）。

4. 复述。让学生试着回答之前自己所提出的问题，并且不要看文章。

5. 复习。与学生一起，重新阅读该文章，使学生自己自行校正和补充复述过的答案，并确保文章的主要观点已掌握，有助于理解难点和重点以及它们之间的关系。

实例运用

四年级的一个班级正在准备阅读一本有关社会学方面书的一章，此章题为《西进运动》，学生在教师的指导下进行SQ3R五段学习法的五个步骤。

浏览

学生首先应概要地读一读此书的提要、题目、主标题、引言和小节，以便对此书有个大体的了解。

提问

这一阶段，学生把书中的这一章标题《西进运动》改成问题："什么是西进运动？"教师根据标题和副标题，在白板上列出其他的问题。

◎ 什么时候发生的西进运动？

◎ 为什么会发生西进运动？

◎ 谁参与其中？

◎ 他们去了哪里？

◎ 西部的开拓如同什么？

阅读

学生阅读该文章以便找到问题的答案。

复述

不要看书，回忆一下，让学生大声地回答问题，因为学生已经提出自己的问题，他们自己找到问题的答案就更容易记住。

复习

对于所提出的问题："为什么会发生西进运动？"这个问题学生们各有不同的看法。一个男孩相信是为了追求更好的生活，另一个学生相信是为了找到黄金，学生们又回到文中解决争议（他们都没有错）。通过阅读此文章，每个男孩都可以找到支持自己观点的信息。

相关信息

报纸是不错的媒介，可通过报纸这种媒介来操练这种学习法，但是，下面要介绍的步骤与SQ3R五段学习法略有不同。首先，选择一篇感兴趣的文章，让孩子按照以下六个步骤进行：

第六章
中年级学生的提问策略

1. 快速浏览文章。

2. 列出与这篇文章有关的四个问题。

3. 阅读这篇文章找到问题的答案。

4. 改写这篇文章，回答问题。

5. 复述所学过的文章内容。

6. 列出关于此主题你所想到的所有问题。

第七章

跨学科提问

在太多的课堂上，文理科目被孤立地分隔开来，被看成了孤立的学科，导致无论是理解的深度还是科目间的关联度都被破坏了。人们往往认为学习主要的工具——教科书，但是学生并不经常读。更确切地说，教师只是大声朗读教科书或仅仅把教科书上的内容告诉给学生。与之不同的是，跨学科的学习是交互式的，通过有效的提问策略使各种问题解决形式紧密联系起来，以便所有的学生都能获取知识。

本书出现的一切理念和原则适用于我们现在所要思考的跨学科提问，其包括数学、科学、社会学和艺术欣赏等课程。第三章到第六章所介绍的提问策略实例以及一些新增的实例，可以被广泛地运用与连接至具体的内容之中。

数学提问策略

提问可以帮助教师把数学衔接到其他的课程上，因为数学的目标与其他学科的目标是极为相似的，包括认知与情感表达，通过这些目标的实现，学习者可以发展以下方面。

◎ 相关领域的数学知识和概念

◎ 解决问题、独立思考以及监控自己思维的能力

◎ 自信心和积极的心态

现在让我们看看在不同课堂里的教师是如何运用提问策略达到这些目标的。

情景1　四年级　综合：数学/口语

教师：我问的问题是一个我们无法得到准确答案的问题，但我想知道我们的回答是否能接近准确答案。你们认为这个手提箱能装进多少高尔夫球？（让学生仔细看看手提箱和高尔夫球。）

蓝迪：让我们只是猜猜吗？我猜会装下300 个高尔夫球！

教师：谢谢你的回答，兰迪。你也许是对的，但是有没有人有其他的想法使我们的答案更加确定？（停顿了一下，然后让杰西卡回答。）

杰西卡：我们可以把高尔夫球装满整个手提箱吗？然后，我想就可以确定地知道了。

教师：这是个稳妥的方法，杰西卡，但是我们只有一个高尔夫球。还有没有别的想法了？（停顿）何塞？

何塞：如果我们测量高尔夫球和手提箱如何？

杰西卡：是的，让我们这样做吧（教师选出三名学生测量高尔夫球和三名学生测量手提箱）。

何塞（代表测量手提箱小组）手提箱是24英寸宽，30英寸长，8英寸高。

兰迪（代表高尔夫球小组）：如果把这个球当作正方形，那么它就是一英寸乘以一英寸。

教师：那么，谁能告诉我大约多少个高尔夫球会把手提箱装满？

（停了一会儿，发现学生可能忘记了如何解决求体积的问题，于是给予提示）。如果手提箱是30英寸乘以24英寸乘以8英寸，谁能把这三个数字一起相乘，估计出这个问题的答案是什么？（杰西卡开始使用纸和铅笔进行计算）记住，我们不是在寻找一个确切的答案，只是一个近似值。（教师提示）如果用脑口算解出这个题，你们可能会使用的什么数字来进行粗算呢？

杰西卡：30乘以20乘以10？对吗，把它们整起来？（教师微笑着，点了点头）大约6000个高尔夫球。哇！ 6000个高尔夫球，或多一些球或少一些球，就能把那个箱子装满了。

蓝迪：我猜得大错特错了，我们的思考方式可比猜测要好太多！

情景2　五年级　综合：数学/口语/听力

在这个课堂上，教师运用“有声思维法”给“初学思考者”提供一种观察“专家思维”的方式，通常情况下他们是觉察不到的。

教师：有一类问题是处理整体之中的几部分，例如，假设我有两个比萨饼。一个比萨饼切成6等份，其中留下四块。另一个比萨饼切成三等份，其中留下两块。我能分给7个朋友和我同等大小的比萨饼吗？当面临这样的一个难题：4/6+2/3，我该怎么做？我知道当分母相同时，怎样让分数相加，如5/6+1/6，但是当分母不同时，我就没有一个通用的方法让它们相加，就像在这个问题上。就目前而言，我最多可能就是从一些简单的例子中发现解决问题的线索了。好吧，这里有一个例子：3/4+1/8。让3/4 = 6/8就可以使这两个不同的分母变成相同的分母。考虑了一会儿，我意识到8是4的两倍（停一停，让所有的学习者跟上她的思维），嘿，而6是3的两倍，我想要试着用它来解决我的问题，有谁想帮我？（停顿）努里？

努里：可以把2/3变成分母是6的分数，让这两个分数有相同的分母。你举例说2/3=？/6，那么6是3的两倍，所以是2的两倍是什么呢？答案是4！所以是2/3=4/6。

教师：聪明极了，努里！现在这个问题是我已知的，我知道怎么做，比如，如果分母相同，可以把分数相加：4/6+4/6=8/6，还有谁想要补充的？

情景3　学前班　综合：数学/口语

在小学教室里，教师寓学于乐，组织孩子们玩颜色、大小和形状不同的积木，给年纪小的学习者提供语言、概念和数学的综合体验。

教师（面对着学生，他们分成小组坐在一起，每一组有一袋积木）：谁能想到给这些积木分类的方法？（停顿）卡里、切尔西和本？

卡里：我拿出所有的红色积木，看，就这样。

教师：所有的红色积木，这是一种给积木分类的办法。切尔西你呢？

切尔西：我把全部的蓝色积木拿出来。

教师：是的，切尔西，你的积木分类方法和卡里的方法是相同的—都是按照颜色进行分类。切尔西，你能想到给积木分类的另一种方法吗？

切尔西：嗯，现在我把所有的圆形积木放在一起（教师点点头看着本）。

本：这些积木全都是大的，而那些全都是小的。

教师：是的，本。每个人都看到了本是根据积木的大小进行分类吗？这是积木分类的另一种方法。还有没有其他的分类方法了？谁能用两种方法来给积木分类？（给学生提示）例如，谁能按照大小和颜色给积木分类？本和切尔西？

本：看，这些都是小的和蓝色的积木！

教师：是的，很好！它们在两个方面有相似处：它们有相同的大小和相同的颜色。切尔西你呢？

切尔西：我的都是绿色的，而且全部都是小的。

教师：切尔西也是按照积木的大小和颜色进行分类的，但在大小和颜色上，与本的有所不同。

情景4　一年级　综合：数学/口语

教师想让学生理解：清晰的沟通与问题的解决包括给术语下定义以及从不同观点看问题。

教师：我想知道我的房子有多少门窗，让我们在教室里练习一下，你们看到有几扇门？

何塞：我看到前门和后门，两扇门。

查梅斯亚：橱柜有门吗？我们也可以把那些算作门。

教师：是的，需要确定我们所说的“门”的定义。谁说一下我们所说的“门”是什么意思呢？

南茜：门可以打开和关闭，可以让人们和事物进出。

达恩：我们应该统计橱柜门和房间门。

教师：所以，如果我们只数房间门，我们会得到一个数字，但是如果我们数房间门和橱柜门，我们会得到另一个数字。我们教室有多少扇窗户呢？

贾丝明：如果统计大窗，我们有10扇，但如果统计全部的小窗，我们有60扇。

教师：今晚，我想让你们数一数你家所有的门及窗户的总数，可能你们有不只一种的计算方式。

情景5　六年级　综合：数学/口语

在教室里，教师希望学生参与决策的制定。为了帮助学生参与到决策制定的过程当中来，教师让学生把实际的测量改为象征性的符号格式（学生理解比例的概念）。

教师：从小学生那里收集关于他们喜欢什么样的新操场的信息，还可以上网搜集有关运动场器材的信息，现在该是各小组把建议和计划汇总起来。除了学生们喜欢什么，我们需还需要考虑什么其他的标准吗？

霍华德：我们需要了解器材的成本是多少。

教师：是的，还有什么吗？

瑞秋：需要知道器材放置在操场的什么地方，在我们预留的空间里是否能装下。

教师：是的，谁知道下一步我们该做什么？

利塔：我们可以去球场实地测量、布置我们想要安放的游戏器材。

教师：这是个好主意，但我们不能把所有的时间都花在那里。有谁能想出个主意，使我们可以在教室里进行这项工作？

珍玛：我们可以在纸上画出设计图来，它必须比实际的操场小，否则，我们的教室可是放不下，我们也没法来回去操场。

教师：你的思维方式就好像数学家一样，你正在决定使用比率与比例，让我们看看使用你的设计图会有什么情况发生。

自然科学方面的提问策略

梅奥、哈科特和埃弗雷特建议教师提问学生时，要精心设计问题，引导学生对特殊的现象进行解释。避免只提问事实类问题，他们建议提出的问题带有下列的目的：

◎ 评估并质疑学生对科学原理的误解。

◎ 评估学生对新的科学概念的理解。

◎ 激发学生把自然科学概念应用到其他读课程里，并能使之运用到日常的生活中去。

情景6　二年级　综合：自然科学/数学（测量）/口语/写作

在接下来的二年级班级里，教师帮助学生使他们的调查更加条理化和系统化。学生们尝试使用五种不同的物质：糖、小苏打、“欧不裂”（玉米淀粉）、盐和面粉。教师提供透明的塑料杯，每个杯子装有约8盎司（250毫升）的水，被冷却到室温。然后，在每个杯子上面放着一张纸，上面印有要添加的物质名称。学生三个人为一组，其中一个人拿着“欧不裂”，而另两个拿着其他的物质。

每组一名学生测量四分之一茶匙（1毫升）的一种物质，然后放进一个杯子里。第一名学生用小勺轻轻搅拌水，然后同组的另一名学生数到30，第三名学生记录当水静止以后所观察到的现象。这五种物质全都重复这样一个过程，每次都要仔细观察，并认真记录。

以下的讨论是上述过程完成后进行的。

教师：当把糖放在水里，发生了什么事情？

汤娅：很快，糖就消失了。

教师：你认为为什么会发生这样的事情？

汤娅：它与水混合了。

杰瑞德：每次只要我们把糖加进去，它就会消失，糖在水里不见了。

教师：小苏打呢？发生了什么？

格雷格：它也每次都在水里消失了。

汤娅：我们的没有像糖那样消失了。

教师：好的。关于小苏打，你们其他人还有什么发现吗？琳达？贝丝？努里？（停顿）

琳达：它很快就混合了。

贝丝：我们做的也是一样。

鹦鹉：它比糖消失得更快。

教师：好的，总的来说，我们可以认为：糖和小苏打与水混合或溶于水（把“溶解”这个词写在白板上）。盐呢？（停顿）努里？

努里：它不见了——它马上溶解了，但水变成白色的。

汤娅：是的，它其实从未消失过，每次添加，水就变得更白。

杰瑞德：一些盐块甚至沉在杯底。

贝丝：是的，我们组也有这种情况。

教师：那么，谁能将糖、小苏打与盐一起比较，做一个发言。

琳达：糖和苏打比盐的溶解性更好。

教师：如果你同意琳达的发言，请竖起你的大拇指。（停顿）我看到你们所有人都赞同。面粉发生了什么？杰瑞德？

杰瑞德：都变得浑浊了，水全都浑了，然后它就沉入杯子的底部了。

教师：“浑浊”是个很贴切的用词！有谁观察到不一样的情况发生？

琳达：面粉不能与水融合。

贝丝：水变浑了，但面粉并没有消失，也没有溶解。

教师：谁想把小苏打、盐或糖与面粉比较，做个发言呢？（停顿）汤娅？杰瑞德？琳达？

汤娅：面粉混合的速度比盐的还要慢，糖是最快的。

琳达：小苏打和糖能很好地溶解于水。

杰瑞德：盐混合的比面粉要好，但其实不是真正意义上的溶解。

教师：观察得非常好！现在，“欧不裂”发生了什么？

琳达：“欧不裂”从未消失过，也不溶解于水，就像面粉一样。

汤娅：但它确实比面粉混合的更快。

教师：你们当中有多少人发现“欧不裂”是不同于面粉的？（停顿）

努里：就像这样：糖和小苏打可以完全溶解，盐可以一点点地混合，但是会使水变浑浊，不能溶解于水，然后是面粉和“欧不裂”使水变得越来越浑。

情景7　一年级　综合：自然科学/生态学/阅读/社会学

一年级的社会学教师使用K-W-L策略（K-W-L代表Know、What、Learn，中文意思是：已知道什么、想知道什么、学到了什么）（奥格尔，1986年）来讲授有关树木的内容。每一类问题会引出学生如下的回答，教师把学生的这些回答列在白板上：

教师：关于树，你们知道什么？

学生的回答：

◎ 它们长树叶。

◎ 一些树会落叶，一些树不会。

◎ 它们给我们带来阴凉。

◎ 动物生活在树林里。

◎ 我们可以获取木材。

◎ 可以爬它们。

◎ 它们给我们提供果实。

◎ 有些树开花。

教师：你们想知道关于树的什么事情呢？

学生的回答：

◎ 它们能活多长时间？

◎ 我们如何保护它们？

◎ 我们如何照顾它们？

◎ 如果树木被砍倒，它们会重新长出来吗？

◎ 什么会使树木枯萎死亡？

讲到这里，教师给学生读了由伊芙·邦婷写的书，名字叫作《艾莉丝的树》，讲的是一个小女孩的故事，她为我们讲述为什么对她来说橡树很重要。这棵特别的橡树渐渐枯萎，尽管大家努力救它，但树还是渐渐枯死了。这个女孩种下一粒橡子，希望它将来长成一棵参天的大橡树。

听完这个故事，学生们重新审视了他们的问题（参见上文）。

教师：关于树，我们已经学到了什么？

学生的答案：

◎ 有些树可以和人的寿命一样长。

◎ 树木被砍倒后，它们不会重新长出来。

◎ 保护树木不能像保护动物那样，而是应该和书中的小女孩那样去种树，确保总有新的树木长出来。

教师：听完这个故事之后，你们的想法或感受发生了什么样的改变吗？

学生答案：

◎ 我之前从未真正思考过树木，我仅仅觉得它们会总是站在那里。

◎ 我不知道树木会像人一样死去。

◎ 我不知道树是活的。

◎ 现在，我知道了树木需要很长的时间生长。

◎ 我也想种一些树木。

◎ 我现在更加喜爱树木了。

接着，全班去了当地的幼儿园，进行了一次实地考察，幼儿园院长给学生们展示了许多不同种类的树木，并讲解了这些树木的原产地在哪里，哪些树木是抗旱的，等等。幼儿园院长回答了学生们提出的关于树木的问题，如，我们如何照顾树木？什么会导致树木枯萎死亡？

教师（回到教室）：哪种树是你最喜欢的，为什么？

学生把答案写在纸上。教师给学生布置了一次特别的作业，要求学生在所在的社区里收集橡子，在接下来一周的时间里，学生在教师的监督下，把橡子种在校园里。

情景8　六年级　综合：自然科学/生态学/社会学/阅读

教师在讲课，所讲的主题是乱扔垃圾，并且提问了学生一个问题："人们可以做哪些事情，以利于解决乱扔垃圾的问题？"学生使用"快写策略"，用三分钟的时间写出他们的想法。

学生先在小组之间分享了他们各自的答案，之后学生阅读肯尼思·伦德伯格写的文章《力所能及》，讲的是一名年轻人如何解决乱扔垃圾这一普遍现象。

教师随后把学生分为两人或三人一组，一起阅读该文章，并运用总结策略和提问策略。其中约翰和大卫是搭档，大卫大声地朗读了两段，他们进展如下。

约翰（总结）：故事中的年轻人问我们是否曾经对这个世界存在的问题感到灰心丧气，束手无策，无计可施，甚至有时我们还要雪上加霜，使之更糟。接着，他继续说道，每天穿过操场，都会看到人们扔在球场上的垃圾到处都是——糖果的包装袋等诸如此类的垃圾。

大卫：好吧，这是我的问题：如果他那么关心世界问题，如污染和环境等问题，为什么他不做点事情来阻止人们乱扔垃圾呢？

约翰：或许如果这样做的话，会使他无论去哪里都会迟到，我的意思是如果是你，你会捡起别人扔的垃圾吗？不管怎样，我觉得在下一段，他会做一些事情（大声朗读下面两段）。

大卫（总结）：你说得对，他确实做了一些事情来改变它。首先，他讨厌在报纸上写信呼吁人们清扫垃圾。但是，他决定自己做这件事，他下定决心每天穿过足球场的时候，会把一些垃圾随手捡起来。

约翰：事实上，他写了这封信吗？还是他只是考虑此事？

大卫：哦……（又重新看了看这几段）好吧，他只是想这么做，不过，反正他认为写信是行不通的，可能会让他生气，血压升高（接着大声朗读下面的两段）。

约翰（总结）：他每天都捡垃圾，把它当作一种游戏，最后，有一天，发现他捡垃圾的速度比人们扔垃圾的速度还要快。一开始，他把捡到的垃圾随手带回家，后来清洁工就把一些垃圾桶放在球场的四个角落里。

大卫：清洁工这么做是否帮了他大忙，把这事解决了？或者这只是个巧合？

约翰：文章写的是清洁工出谋划策，我想意思是他（清洁工）在帮他的忙（读下面的两段）。

大卫（总结）：这名男子说他做这件事已经有好几年了，虽然球场没有更干净，人们仍然到处扔垃圾，但是他说他喜欢做这件事，因为这件事情改变了他，使他变得更开心、更积极，因为他正在做一件有意义的事情。

约翰：如果没有真正地改变什么，他为什么一点也不觉得气馁呢？

大卫：不管怎样，他仅仅觉得是在尽他自己的责任。或许，下一部分会告诉我们有关该问题的更多内容（读下一段）。

约翰（总结）：这名男子想让他去过的每一个地方都会因为他曾到过那里，而变得能更加美好一点点。不仅仅是清理一点垃圾，还要与人为善，平等地对待所遇见的每一个人。

大卫：这个和乱扔垃圾有什么关系呀？

约翰：这仅仅是他最先谈论的所有世界问题中的一个问题。一开始，他要改变的是乱扔垃圾的现象，但是后来，意识到他可以从小事做起，一点点地改变这个世界（读下一段）。

大卫：（总结）他最后说，太多人总是大声地抱怨这个世界的问题，更关心对错，而不是真得做点什么事情来改变。人们应该做自己力所能及的事情，应该做些事情改变。

约翰：难道不能既是正确的，同时又做点事情吗？我的意思是，他说得对，人们怎么那么关心正确呢？

大卫：我认为他的意思是说人们做得还不够，他们只是空谈，只说不做。他觉得不用写信来抗议，而应该去现场，自己身体力行来解决问题。

小组读完这篇文章之后，教师让学生进行头脑风暴，全班提出了下面的一些问题：

◎ 你们所知的当地一些垃圾乱扔或回收问题是什么？

◎ 该问题有哪些常见的解决办法？

◎ 现在，你们可以立即采取什么样的个人行动？

经过多次讨论，要求每个学生签署一份合同（见图表7.1），努力完成他或她希望做的任何个人行动。

情景9　四年级　综合：自然科学/社会科学

这名四年级教师想给学生们提供机会，对学生彼此的问题做出反馈，因为同伴的看法经常给提问带来更多的观点。为此，她给学生提出下面的一种情况假设：你们困在了落基山自然保护区的荒野中已经两个星期了，你们有一卷塑料、一块帆布、一把茶壶、一个手电筒和一些果干。

教师解释说他们求生的机会依赖于具体的行动方案，该方案根据他们的所问所答而制定。关注的不是结果，而是学生分析问题的能力。

教师把全班分成三到四个小组，每组中有一名学生写下小组所列的问题。提醒学生们反思，为什么他们会选择每种特定的问题，每组

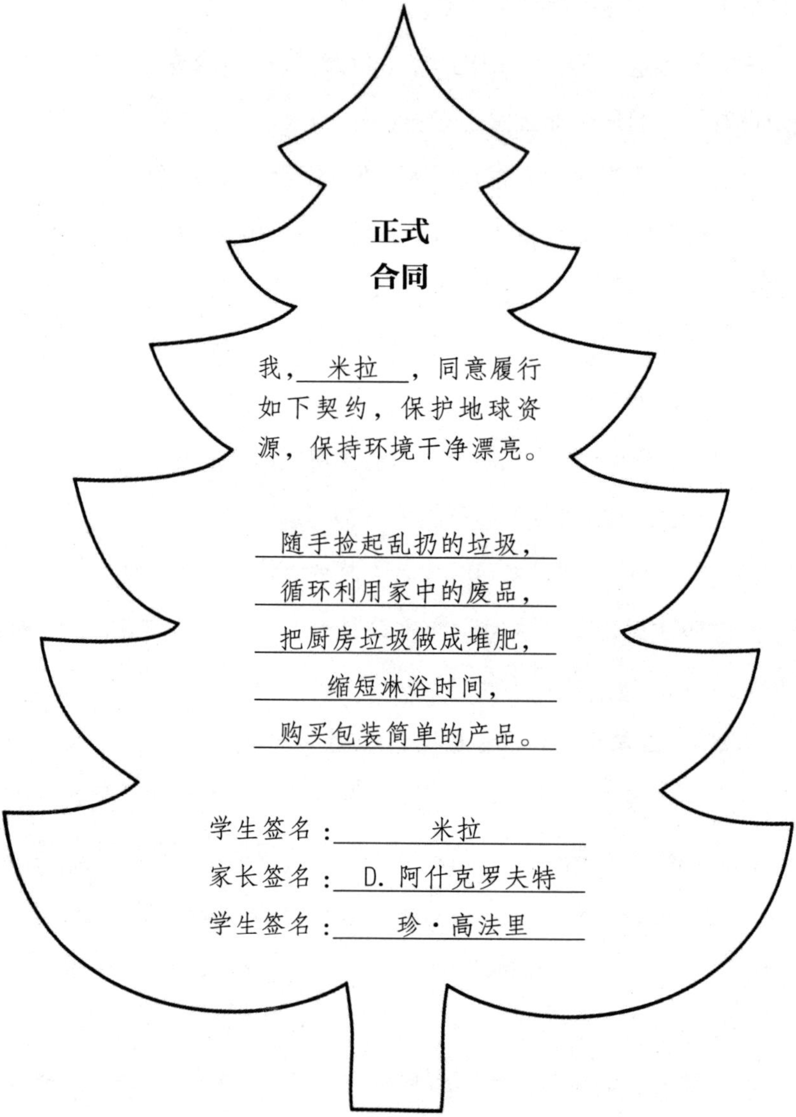

正式
合同

我，<u>米拉</u>，同意履行如下契约，保护地球资源，保持环境干净漂亮。

随手捡起乱扔的垃圾，
循环利用家中的废品，
把厨房垃圾做成堆肥，
缩短淋浴时间，
购买包装简单的产品。

学生签名：米拉
家长签名：D. 阿什克罗夫特
学生签名：珍·高法里

图表7.1　每名学生填写并签署一份正式合同

要评估另一组的问题以确定问题是否富有成效。

每个小组收到一份信息表来记录其问题和评价意见（见图表7.2）。

<table>
<tr><th colspan="2">信息表</th></tr>
<tr><td colspan="2">姓名：特雷弗　　日期：10月25日
小组成员：卡蒂、亚历克西、马克、杰德</td></tr>
<tr><td>问题</td><td>评价意见&理由</td></tr>
<tr><td>1. 按照重要性进行排序，什么东西是我带来的最重要的?
2. 茶壶还可以有什么其他的用途?
3. 我可以使用什么工具来改造茶壶?
4. 我怎么能使食物维持最长的时间?
5. 塑料有什么帆布做不到的用处?
6. 每一物品怎样可以达到最好的使用效果?</td><td>1. 好。可以使你比较和思考物品的价值。
2. 好。引导你思考其他解决问题的方法。
3. 好。让你探索环境。
4. 不太好，因为食物只能维持它所能维持的可能长的时间。
5. 好。使你比较两者并发现塑料的性能。
6. 好。这是能够幸存下来最重要的部分。</td></tr>
<tr><td colspan="2">小组对问题整体评价意见
特雷弗小组问的问题将有助于他们在需要什么和为什么需要的方面做出重要的决定，问题也有助于他们富有创新能力，创造性地利用各种物品，这一点很重要，因为他们不可能有所需的一切东西。</td></tr>
</table>

图表7.2　信息表是记录同伴反馈的有效方式

情景10　五年级　综合：数学/口语

教师想让学生把他们社会研究课程所学的各种知识运用到现实的

问题当中。

教师：我们已读过关于外太空探索的书籍，但是我们还没有探索如何使用“海洋空间”——具体地说是我们的海洋。我们在海底下可以拥有城市吗？它们会是什么的样子呢？什么样的科学知识会帮助到我们？

杰拉尔德：每个人都需要吃饭，我们需要考虑生物学以及人们如何满足他们对食物、衣服和住所的基本需要。

阿什莉：人们也需要各种能源，我们需要考虑物理学，以便了解他们将如何产生并利用能源。

教师：我们组成小组，每个小组都给出一个提案，讨论建立一座“海底城”。当你们设计并提出建议时，确保考虑到我们今年已学的所有科学研究领域，你们或许希望团队的每一位成员都可以用科学家的视角来看问题。

社会学方面的提问策略

教育界对于小学阶段应该学什么样的社会学课程一直未达成明确的共识，不同理论的支持者认为，其重点会因思维、知识和个人品德的差异而各有不同。我们相信，获得知识和培养良好的个人品德的最佳方式是通过一门涉及各种内容的综合课程——历史和时事的议题，促进批判性思维的认知和情感过程，而这最好通过教师的有效提问和学生的主动学习，就像下面的例子。

情景11　三年级　综合：社会学/科学/艺术

需要批判性思维的活动通常涉及仔细观察、推理、信息分析，以便得出正确的结论。在这个例子里，教师使用“迷你探究教育法”(Mini-Inquiry)发展学生在这些领域的能力。

为了让学生观察、分析，教师选择了一段视频，该视频摘录自迪斯尼电影《小姐弟荒原历险记》(影片设定在澳大利亚现代都市中)。因为学生们开始研究沙漠，教师使用这段视频来展示沙漠生活重要的方面。学生们在观看这段视频之前，没有进行任何的讨论，然后，要求学生把他们认为沙漠生活中令人印象最深刻的某一方面大致画出来。当这一过程完成之后，学生两人一组欣赏他们的画，向对方解释画面中每一部分的意义。

接下来，教师将全班分成几个小组，给每一组发一份经过小组讨论、一致同意回答的问题列表。以下是老师提出的问题和由小组回答的答案：

问：这个沙漠的主要特点是什么？

答：是炎热和干燥，没有什么树木或鲜花；在沙漠里，没有太多的生命存在，夜晚很冷。

问：居住在那里的人们，他们被称作什么？

答：土著居民。

问：这个沙漠在世界的什么地方？

答：在澳大利亚的中部，离我们很远。

问：在那里居住的人们用什么来遮风挡雨？

答：他们有像我们一样的房子，但是没有这么好，是小棚屋，有一些人住在山洞里。

问：他们做什么工作？

答：一些人是导游，一些人是猎人，一些人放牧。

问：在他们的生活中，什么是最重要的事情？

答：找到足够的食物，拥有一个幸福的生活，可能和我们一样——养家糊口、平安一生、生活节奏慢。

问：这些人和我们有什么相同之处？

答：他们也能感受爱与恨，他们可以快乐或悲伤，他们也辛苦度日。他们也是人，关心爱护他人和家人，他们喜欢大笑并能得到乐趣。

问：这些人和我们有什么不同吗？

答：他们穿的衣服不多，不去购物，他们生活得更不易。他们努力工作，说的语言和我们不一样，他们看起来和我们差别很大。

问：什么事情是我们有，他们也可以使用的呢？

答：电视、空调、冰箱、冰淇淋、冰块、游泳池和灌溉。

问：你想问这些人什么问题？

答：你们喜欢你们的生活吗？你们长大后，想做什么？你们平时喜欢做什么来自娱自乐？你们曾经想过逃跑吗？你们希望住在北美吗？你们曾希望看到下雪吗？

注意，不同分类的问题：第一类较低水平，接着后面的问题是更加具有批判性和开放式的问题。当学生给出问题的初步答案之后，教师让他们再看这段视频，鼓励小组重新思考和修改他们的答案。然后，小组共享答案，讨论不同的回答以及回顾电影片段来解决争论或阐明观点，例如："什么事情是我们有的，他们也可以使用的呢？"这个问题学生给出了很多的回答，但这些答案都是需要使用电的，而电影中的人物生活是没有电的。因为这些学生从未思考过一个文化是没有电存在的，他们学到了一些重要的事情，影响着自己的认识与看法。同样，一组假设这些住在沙漠的人们都喜欢住在美国或加拿大，而其他小组则挑战这一假设，并指出影片中的一些实例来证明他们似乎满足于自己的生活。

情景12　一年级　综合：公民素质/角色扮演/口语

在休息时，当轮到纳尔逊上场踢球时，他把阿曼德推到在地。莉蒂亚看到了整个事件，并报告了教师。当教师询问纳尔逊在比赛中发生了什么事时，纳尔逊不做声。阿曼德虽然不哭了，但他还是很沮丧。莉蒂亚认为纳尔逊有可能也很苦恼，因为他一直没被允许上场。

教师很快决定，通过角色扮演的方式把这一幕令人不快的场景转变为一次有现实性意义的交际学课程/口语课——不仅仅是针对这两个男孩，更是针对全班同学的。批判性思维活动帮助学生考虑多种解决方法，以解决争端。

教师指导学生按照下面步骤进行：

1. 有一名保持中立的观察者，关于在比赛中，到底发生了什么事情，莉蒂亚给出了她自己的版本。

2. 再选出两名立场中立的学生，进行角色扮演，分别扮演发生冲突的两个孩子。

3. 让进行角色扮演的两名演员花几分钟准备一场短剧，剧情完全按照莉蒂亚所说的那样发生。

4. 当演员们准备好之后，教师叫其他学生一边看短剧一边记住以下问题：

◎ 演员在说什么，做什么？

◎ 每个人有什么样的感受？

◎ 如果你卷入其中，会有什么样的感受？

◎ 有没有什么其他的方法可以处理这个问题？

5. 教师重申了最后一个问题，要求每个学生想出一个可以处理该问题的其他方法。

6. 每个学生都提出了关于这次争执他们的版本。

7. 观众分享了一些如何处理该问题的其他方法，汇报讨论（摘录）如下。

教师：解决该问题的其他方法是什么？克里斯汀、吉尔和克雷格？

克里斯汀：可以把纳尔逊叫到办公室去。

教师：这倒是行，我本来也可以处理，但是我一直在解决他们的问题，你还能想到一种他们自己可以解决的方法吗？

克里斯汀：嗯，纳尔逊可以来找你，告诉你，他没有得到任何的上场机会。

吉尔：或者他只要对阿曼德说。

教师：是的，这些方法都不会伤害任何人。克雷格？

克雷格：如果他们表现得不是很友好，他可以离开，去做其他事情，他没有必要去推别人。

教师：这些都是解决该问题的不同方法，谁还有别的主意吗？布兰登？

布兰登：他可以拿一分钟的球，让他们停下来，说："得了，各位，我还一次也没轮到呢。"

教师（微笑着，并点了点头）：哇！你们想出了很多不同的方法来解决这个问题，没有人被推倒或是受伤，做得不错！

情景13　六年级　综合：全球意识/数学/写作

通过模拟全球的粮食供应，六年级学生对全球的人口规模和粮食供应有了一定的认识。

教师首先提问学生一个问题："你所见过的最饥饿的人有多么的饥饿？"教师指导学生运用"快写策略"来回答该问题，然后给学生解释道："我们一起来看看世界上不同国家和地区人们有多少食物，你们全班将代表世界各地的人们。"

随后，教师按照下面的比例，把全班分成五组：

◎ 亚洲：占世界人口的54%，世界粮食供应的5%；

◎ 非洲：占世界人口的10%，世界粮食供应的1%；

◎ 拉丁美洲：占世界人口的8%，世界粮食供应的15%；

◎ 中东：占世界人口的2%，世界粮食供应的5%；

◎ 西方（美国、加拿大、西欧）：占世界人口的26%的人，世界粮食供应的74%。

教师引导学生按照相应的数学比例，算出每一组成员的人数，把全班30名学生分成五组，每个人都被分配到其中一组，小组的具体人数如下：

◎ 亚洲：16名学生；

◎ 非洲：3名学生；

◎ 拉丁美洲：2名学生；

◎ 中东：1名学生；

◎ 西方：8名学生。

教师让学生以小组为单位，坐在教室的前面，并且大体上是依照学生所了解的各洲在地球上的地理位置来安排。

接着，教师拿出一条面包，告诉学生它代表着世界上所有的粮食。根据上面所列的比例，教师让学生计算出每一组应得的准确份额，帮助学生分配这条面包，然后，每一个小组都被分配一定份额的面包。在各自的小组里，学生对以下问题进行讨论：

◎ 你们组是如何看待其粮食供应的?

◎ 如果你们的粮食供应不足，你们能够让其他国家的人们给你们提供一些食物吗？为什么能或为什么不能?

◎ 如果你们的粮食供应充足，你们会考虑把一些食物提供给其他那些需要更多粮食的国家吗？为什么会或为什么不会?

◎ 你们认为你们的回答与所代表的地区人们的回答是相似的吗？在什么方面上相似?

每组与全班分享了自己的观点，这是他们的一些看法：

西方：我们喜欢我们的粮食供应比其他人多得多，我们当然认为应该与其他国家的人们分享我们的食物。但是我们觉得在现实中，生活在西方国家的人们——我们，并不怎么考虑其他地区的人们是多么的饥饿，我们只是假设世界上的每个人都和我们一样拥有很多。

亚洲：一开始，我们真得很生气，因为我们比其他地区的人数更庞大，但是食物的供应远远不够，这太不公平了，西方应该给我们一些食物。

中东：有些小组人数比我们的多，但吃的却比我们的少，也有的小组人数比我们的少，但吃的比我们的多，我们处于中等的水平。我们可能有足够的粮食，但是不足以分给别人，但是如果有人挨饿，我们会把粮食分给他们。我们认为真正的中东人并不这么认为，但是我们确实也不知道。

教师：如果你们没有足够的粮食，你们希望其他国家的政府为你们的处境做些什么？亚洲和非洲，我想让你们给其他的政府写信，告知他们你们了解到的所有情况。如果政府有充足的粮食进行分配，那么你们认为这样的政府应该做些什么？西方、中东和拉丁美洲，我想让你们思考一下这个问题，并给“自己的”政府写信，对于如何平均分配世界粮食供应，阐明你们的看法。

情景14　五年级　综合：历史和地理知识/口语/写作

历史的讲述往往是从成人和政治观点出发的。在很多的领域，学生不得不使用成人写的参考资料和第一手的资源，对以前的儿童生活场景做出推断。但是，我们知道当儿童能在历史语境中看到他们自己时，他们就会与历史连接得更加紧密，正如下面的例子所示。

在这个五年级班级中，学生们正在预先准备几天之后将要进行的一次历史再现的实地考察。在进行这次考察之前，教师让学生阅读了《萨拉·莫顿的一天》，这部历史小说是关于生活在1627年普利茅斯农场一个女孩的故事。故事照片上的萨拉是由一名现代小姑娘扮演的，但书中的内容是从第一手资料中搜集来的。读了这本书之后，教师和学生进行了以下的讨论：

格洛莉娅：故事是关于我们拥有什么，才可以活下来，是食物、衣服和居所，我认为这也意味着我们也需要爱与关怀。

瑞吉：萨拉有很多工作是她必须要做的，她花了很多时间来满足家人们的基本需求。我想知道对她来说，这一天是否是平常不过的一天。她没有花太多时间来完成学校的功课，她给自己上课，旁边也没有其他的学生。

罗伯托：我觉得天气很冷，不是秋天就是冬天，因为她穿了很多的衣服。即使地上没有雪，阳光普照，但是她穿的那些衣服看上去好像天气很冷。

伊凡：她和朋友们在玩游戏，尽管他们称之为弹珠，但这个游戏我之前没有听说过。

杰里米：天气和季节会影响人们衣服的穿戴，以及所种植粮食的种类。

奥黛丽：房子看起来可能也不同，因为周围有不同的材料可供人们来建造房屋。如果没有太多木材，他们可能会建造小点的房子，这样，用的材料也会少。

教师：我们很快就要去萨特堡进行一次野外郊游了，你们认为是否我们也可以写一本书？描述一名住在萨特堡的孩子一天的生活？我希望你们在小组里考虑以下的问题。

◎ 关于日常生活，你们是如何搞清楚的？

◎ 如果我们所找的第一手资料是由成年人所写，你们会做什么？

◎ 你们对于人们如何满足其基本需求有何观点与看法？

当讨论这本书时，学生给出的回答包含支撑材料与实例论证——教师没有提示或暗示。教师在这一年早些时候给学生介绍了一些策略，培养了学生详述答案的能力。学生们之前已经验证“好的”回答需要包含的内容，不论学生是回答书本的问题，还是回答讨论的问题，他们都已经学会在回答时要提供原因、论据和实例。

相关信息

创造力经常是指把别人已有的想法进行改造或调整，形成新的想法。学生可以使用电影制作软件或演示软件来展示17世纪中人们的生活场景，可以决定将他们今天的生活与以前儿童的生活进行比较。

情景15　二年级　综合：历史大事时间表/地理/口语/艺术

《枫树街神秘之屋》是由B. 普赖尔所著，讲述的是随着时间的改变，在某一（虚构的）地方所发生的一系列的变化。写作是对观点与思想的排序，为了条理性地理解这些观点与思想，可首先以时间的顺序对其进行排序。之后，学生可以进一步使用一些更为复杂的排序方式，例如，设定的优先顺序。对于青少年来说，还有一点非常重要，即区分他们观察到的与他们基于观察所填写的——换言之，他们是如何推论的。这一活动使学生确定事件发生的顺序，并利用该信息来确定他们当地社区的历史大事时间表。注意不同的划分范畴反映出不同的社会学学科：历史、地理、人类学、政治学、经济学和社会学。

教师：我们会读一个故事，该故事是关于某一特定地点的，以及随着时间的推移它发生了怎样的改变。我会给每一个人一幅思维导图，在图的最顶端是历史大事时间表。当听完这个故事的时候，请写下一些词或者画一些符号，以帮助你们记住枫树街所发生的改变。

教师读完该故事之后，接着进行以下的讨论。

教师：随着时代的变迁，交通运输发生了什么样的变化？

莉比：一开始，住在那里的人们是靠步行或靠动物运输的，后来，人们用动物拉车，再后来机器发明出来了。

雅各布：是的，他们有拖拉机、卡车和汽车，他们有了机器之后，运输速度有了大幅地提高。

教师：那里的景物有了怎样的改变？

卡罗：第一批人几乎没有改变这里的一切，他们捕猎，他们养的马或许留下一些踪迹，但是，周围的环境基本上保持不变。

教师：去过枫树街的所有人都是这样的吗？

蒙蒂：不是的，以后，来这里的人们把这里改变了很多，他们砍伐树木，铺设道路，甚至改变河道。

教师：现在，我想让你们按照在书中真实观察到的内容，填写“记录表”（见图表7.3）。

讨论结束之后，学生花几分钟的时间来填写“思维导图”（导图可以由每个学生画一张，也可以由整个班级画一张）。

教师（几分钟后）：你们是如何知道在思维导图上要填写什么内容？

莱利：通过书中的图片或是故事中的单词，我们可以看到全部的变化。

教师：你们能够使用书中所观察到的内容来回答思维导图底部的问题吗？

泰勒：不能，我们只能猜测。我们可以看到房屋，以及建造房屋所用的材料。我们可以猜测他们吃的食物，例如，土著印第安人把动物的皮搭在帐篷上，我认为他们猎杀动物之后，用动物的皮做帐篷，并吃掉肉。

教师：是的，通过看图片并把我念给你们听的内容记住，你们就可以回答顶部的问题，可以直观地得到你们所需要的全部信息。然而，对于“记录表”底部的问题，你们必须“领悟言外之意”——寻找线索来填写关于食物、价值观和角色的内容。这是因为你们只有很少的信息，例如，虽然有一些关于食物的提示，但是必须推测——从图片上观察到的不同族人们所吃的食物做出猜测。

延伸

该策略可以延伸运用到当地的历史研究之中，例如：

教师：让我们思考附近这片土地，是谁最先在这片土地上定居下来的？然后，谁又随之而来的？

教师可以以下面的思维导图（见图表7.3）为基础，来制作一份与他们自己社区相关的记录表。

《枫树街神秘之屋》		
历史是怎样塑造和影响现在的？ 1694 → → → → → → → → 现在		
观察	谁：	动物　土著印第安人　马车队　移民　家园　城市
	景物：	
	基本需要： ◎ 住所 ◎ 服装	
	交通运输：	

历史是怎样塑造和影响现在的？ 1694 → → → → → → → → 现在		
推断/结论	基本需要： ◎ 食物	
	价值观：	
	人物： ◎ 男性 ◎ 女性 ◎ 儿童	
	规则和体制：	
	经济基础：	
	休闲：	

图表7.3 学生使用该图表以帮助其组织《枫树街神秘之屋》的信息

艺术和音乐方面的提问策略

艺术似乎是通过具有象征意义的符号，完全根据孩子的需要，使孩子们的人生和他们的世界变得有意义。语言是线性的，而艺术是非线性的，它们是同源的两个分支，可以被看作意义构建和意义传递的其他方式。加德纳认为人类思想可通过语言和艺术来进行创造、修正、转换，并“再创造出全新的产品、系统，甚至不同的意义”。因为艺术和音乐两者都有助于孩子进行批判性和创造性的思考，所以，需要知道恰当的提问策略是如何在如此广阔的领域中建构意义的。

情景16　六年级　综合：艺术/社会学/写作

六年级的一个班级正在研究古埃及人的生活，他们要仿效古埃及人，设计出用陶土制做的古埃及瓮，而在此之前，他们已经研究了教科书。教师并未告诉学生制作黏土的技术，她只是告诉学生，他们可以自己做实验，发现能制造出如同古埃及陶器的材料。图表7.4显示了一名学生如何运用“提问表”来找出这一材料的。

提问表
姓名：佩特拉　　　日期：4月7日 主题：制作古埃及的陶器
我提出的问题： 我想做什么样子的设计？我想让它看起来像书本上的陶器还是我想做真正原创性的陶器？我需要什么样的材料？多长时间我才能完成这项任务？ 我回答的问题： 首先，我先回答前三个问题。我画了一幅原创的陶器设计图，找到黏土和我将要用到的雕刻工具。接着我问教师，他说我们有一周的时间来完成我们的瓮。 我对我问的问题的反馈： 当了解必做工作的整体情况时，我所问的问题有利于启动，也有助于展开工作。 在学习的过程中，我提出的其他问题： 当动手时，我想知道应该怎样雕刻。设计太繁会使作品看起来糟糕，而设计太简又使作品看起来无趣。那些看起来带有埃及特色的古埃及图形和符号代表着什么呢？我想让我的作品看起来很逼真。

我的回答： 我必须回答全部的问题。我喜欢深雕的效果，但是如果我雕刻得过深，作品就会太杂乱。关于太繁或太简设计的问题，我要好好思考。我已决定，为了让作品看起来具有古埃及特色，采用棱角分明的人物并且人物是侧身的，我也照做了，不管怎样，我要尝试着做。 我对自己提出问题的评价: 我所问的问题有助于明确我所做的工作，因为告诉我自己为什么要做这些事情，我会感觉能随心所欲地进行尝试。 整体评价: 以此方式，我学到了很多。我了解了古埃及的瓮和陶器，并且也了解了自己的感受。我想再做一次，并且尝试不同的方法。 摘自F. P. 汉金斯，1976（181–182）

图表7.4　学生运用“提问表”来探索自己的发现

情景17　四年级　综合：艺术鉴赏/数学/社会学

四年级的教师给学生介绍几幅名画，谈到了这几位画家，他们的出生地以及生平。一天，教师给学生们展示了道格拉斯的《建造更庄严的大厦》、毕加索《手与花束》和莫奈的《睡莲》，然后，她让学生花上几分钟的时间来好好地欣赏这三幅名画，同时思考教师在白板上写的以下几个问题：

◎ 哪幅名画对你来说表达的意思最丰富？它表达了什么意思？

◎ 这幅画的哪些方面吸引你？

◎ 这幅画让你想起了自己生活中的哪些事情？

◎ 这幅画让你想起了哪些地方、哪些人，或是什么意境？

◎ 对这幅画，你会做何改动？为什么？

◎ 写下文字和开放式的短语来表达你对这幅画的一些感受。

为了解释如何回答这些问题，教师选出了对她来说表达意思最丰富的一幅画，高声告诉大家这副画使她想起了生活中的什么事情，它是如何影响着她，甚至她想对这幅画作什么样的改动。

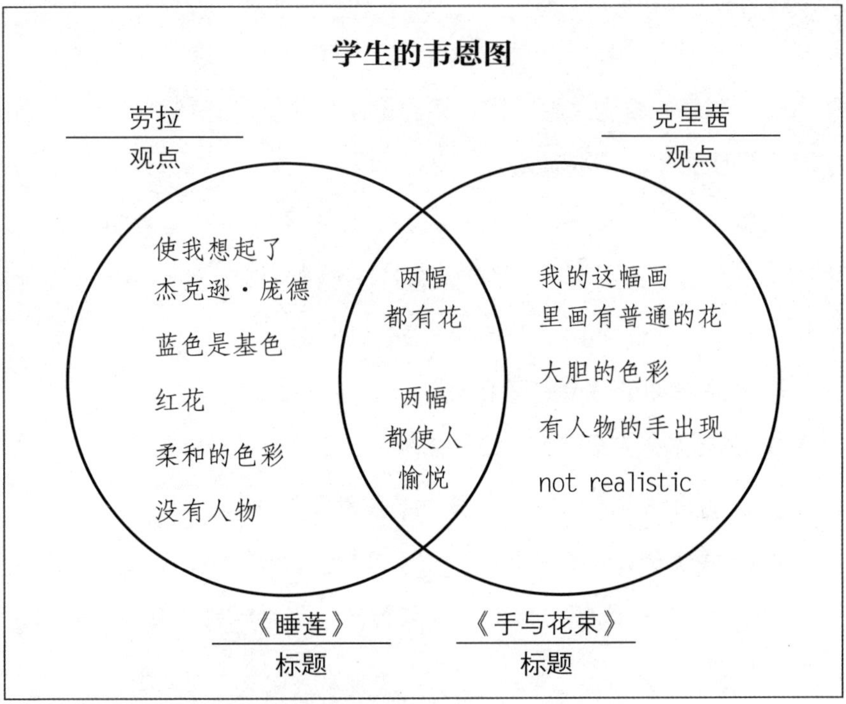

图表7.5　韦恩图是对比、比较异同点的有效工具

当学生对其中一幅名画进行反思和反馈之后，让他们去寻找一名搭档，所选的名画不同于他们的选择。

学生两人一组，回答上面的问题，制作一个韦恩图解来生动地说明两幅画的异同（见图表7.5）。然后，他们以韦恩图解为支撑，与全班的其他同学探讨了他们对这些名画的感受。

情景18　二年级　综合：音乐/写作

二年级的学生使用"对比框架"来写下他们对音乐的反馈。"对比框架"提供了一种读写支架式的帮助，或"暂时性结构"，供孩子们使用，这样他们可以使用解说模式，开始记录他们所观察到的（"对比框架"可以是小组一起使用或个人单独使用）。这种策略有利于学生组织思想，但对于英语是第二语言的学生来说，特别是当他们开始学习读写技能时，该策略尤为有用。

教师挑选了两首风格各异的古典音乐：葛利格的《清晨》，葛利格的《山大王的宫殿》，这两首音乐都是选自"培尔·金特组曲"。欣赏完一首之后，教师就让学生回答下列的问题：

◎ 这首音乐让你想起了什么？

◎ 它让你有何感受？

◎ 当你听这首音乐时，在脑海里你看到了什么？

◎ 这首音乐让你想做什么？

回答了上面的问题并探讨了这两首音乐，之后教师要求学生回答以下的问题：

◎ 这两首音乐之间有怎样的不同？

◎ 它们之间又有哪些相似之处？

◎ 它们之间最大的不同体现在什么方面？

"对比框架"（见图表7.6）可用来总结两首音乐之间的差别，可由教师填写，把一部分学生的回答填写到里面。

《山大王的宫殿》和《清晨》在很多方面不同。首先，《山大王的宫殿》是恐怖的，而《清晨》是宁静的。其次，《山大王的宫殿》是快节奏的，而《清晨》是柔和与舒缓的。

两首音乐最大的不同可能在于《山大王的宫殿》声音震耳欲聋，使我发狂，而《清晨》声音柔和，使我感到很平静。

改编自塞西尔和劳里岑，1994

图表7.6　教师使用“对比框架结构”表，总结两首音乐之间的差别

第二部分　小结

提问是教学的基本功能之一。批判性和创造性的问题经过精心设计与合理安排，可以促进高阶认知的发展并使信息更有意义。如果这些被广泛接受的推断是有效的，那么教师在运用提问技巧时，必须有很高的敏感性、觉悟性及技巧性，以最有效、最适当的方式进行提问。

在第三章和第四章中，通过使学习者积极参与提问过程，我们提供了提问策略以及促进高阶批判性和创造性思维技巧的活动。如果学习变得有意义、有关联，那么学生将会享受学习的过程。

这几章中的提问策略为教师提供了重要的工具，但最重要的是要记住，它们只是工具。每一种技巧必须合理地运用，针对特定的个人、小组或班级，目标必须一致。最后，重要的是，在教室里提问的核心在于有价值的内容。这样做会产生积极、快乐的体验，尊重所有学生的想法和意见，激发他们的兴趣，挑战他们的思维。

本书用很多笔墨描写怎样使孩子变成熟练的读者——即，可以构

建文本意义的读者。当对这些研究进行总结时，描述了五个重要的策略，这些策略都是高水平读者和思考者的典型做法。

1. 他们能够根据文本和学习经验提出问题。

2. 他们可以总结。

3. 他们可以做出预测。

4. 他们可以找到重要的信息。

5. 他们能够监控自己对文本的理解以及他们自己的学习经验。

在第五和第六章中，所探讨的策略是给孩子们展示如何提出他们自己的问题，以帮助他们建构文本意义。此外，每一种策略都能提高学生在已列的五项技巧中至少一项技巧的能力。“配对阅读法”和“概要图式问题策略”帮助学生总结，“浏览、提问、阅读、复述、复习”五段学习法（SQ3R），“自教自学”和“提问策略”，给孩子们展示如何提出恰当的问题；“基础读物预测策略”可以帮助读者学习预测文本；“我—搜索”策略和“问与答的关系策略”（QARS）通过提问，帮助学生发现文本与经历的重要信息；“写作认知策略教学”（CSIW）和“元认知阅读”策略使孩子们在阅读和写作时，对如何更有效地监控自己的理解有了深入的见解。学生不仅学习课本，还能从精心设计的活动中学到很多。“访谈法/调查法”帮助学生收集数据，并对这些数据进行分析，从而使其有意义，“视觉化读写策略”给学生提供了他们在视觉语境中所需要的学习技巧。无论信息是从哪里获取，不管从文本中还是从真实生活中获取的，学生都可以把“排序法”当作一种工具对所收集到的信息进行加工与处理。

在第七章中，研究的是如何使提问帮助学生理解内容并使整个小学课程建立起清晰的关联。孩子们天生是“意义产出者”，总是试图搞清他们的世界。他们是活跃、建设性的学习者，因而他们不断解决问题，生成并检验假设。他们的假设可能会随时被证实或否认，因而在这种不断变化的学习过程中要承担类似的风险。此外，他们所做的假设往往是关于某一特定主题和某一特定领域的。假设一般与内容是有关联的，因此，儿童的认知，即他们对所学某一特定主题的概括以及在教师指导下对新知识的概括——都是批判性问题提出的基础。

结语
Conclusion

我们认为，教学和提问问题是不可分割的两个部分，这也是写这部著作的前提。在某种程度上，一个优秀的教学项目一定会涉及到提问问题——这是教师与学生沟通并激励学生的一个主要手段。

然而，我们所倡导的提问问题的种类和“事先知道答案的问题”不一样，你还必须提问没有“正确”答案的问题。意识到现实存在的各种问题类型，有助于你有目的地构建提问适合讲授材料语境和内容的问题，同时也能够帮助学生学会提问此类问题。提问问题的种类多，启发学生回答的种类就多，这样就能够培养学生广泛的认知技能和情感技能，这些技能能够锻炼学生的独立思考能力和批判性思维。另外，由于提问开放性的问题你既不知道答案又不知道学生会如何回答，所以就会警觉地全神贯注于整个课堂——最激动人心的挑战魅力就在这里！

当我们参与到这种类型的提问中时，就不能跟学生仅仅进行简单的互动——这是传统的提问方法所经常忽略的。首先，你必须对学生的回答进行改述、总结，然后提炼出必要的观点。第二，你要扮演讨论中的“交通警察”：你召集想要讲话的青年人，然后让其他人仔细地听，并对讲话青年的言论进行彻底地评价。第三，你要表明，你并不期望只有一个“正确”的答案，而是鼓励多种类型的回答。因为你做的不仅仅是提问一个问题，然后得到已有的答案，而是根据很多学生的回答，再总结出有关观点。这些观点来自学生的回答，然后经过你的评论才能形成。因此，在这种情况下，就不太可能出现事先就准确地知道下一个问题要提问什么。最后，当你提问没有固定答案的开放式问题时，你就清除了那些毫无意义的游戏，即，让学生小心翼翼地猜测你头脑中的答案。相反，你和你的学生完全进入“共同提问共同回答”的角色。对学生来讲，这就意味着责任、义务，更重要的是，激发了他们深刻的思考。对老师来讲，因为你提供了一种成人探索新事物的模式，你就扮演了指导学生的角色。

激发学生回答问题——回答老师的问题和其他同学的问题，可能是作为老师的你所面对的最重要的任务。很明显，如果学生要成为独立的、具有批判性思维的人，就必须回答他人的问题，并自己提出合适的问题。他们学到了真正的互动方法——是出于好奇心，而不是出于遵守和服从。想鼓励学生提问合适的问题并质疑他人的问题，就必须鼓励学生自己首先提问问题，评论问题，甚至对问题提出批评！另外，无论在什么课程的课上，你必须创建一个安全的环境，在这个环境里，学生不用担心因自由地表达自己而遭到你的报复，或遭到其他同学的报复。要教会学生们在表达自己不同意别人的观点时如何尊重别人，即，对某个观点进行评论时，要对事不对人。你会发现，学生们提问的问题常常是针对所讨论的主题本身和其他同学的观点，而不是为了获得你的认可。

鼓励学生提问问题的最有效技巧是这部著作的核心，你，作为教师，必须将自己定位于学生特别想极力效仿的那个好奇的、不断寻求知识的榜样。这样，作为教师，你就不仅仅要提问各种类型的问题，而且要尊重学生们提出的各种问题。

此书中你读到的教师均来自教学一线，他们均成功地使用了这些提问技巧，并将继续使用。他们的教学特点和教学态度是一线教师的真实写照，这些教师展示了广泛的让学生参与学习活动的机会，而且证明这些广泛的活动能够让学生对学习充满好奇和热爱，并具有很大的感染力。

书中教师的最大特点也许是他们利用提问问题的方式让学生参与学习，例如，在第7章的教学场景中，教师提出了让学生考虑的问题，支持学生为解决问题而提出的假设，鼓励学生自己提出问题，用某种观点确认学生的答案。这些老师意识到，向学生传授知识并不仅仅是向学生的头脑中灌输事实或者绝对的真理，似乎学生的头脑都是空空的。相反，教师完全明白，学生能够针对这个社会构建自己的知识和自己的理论。

当然，教学没有神奇的公式，但是，我们的确相信，教师必须关心学生、爱护学生，时刻准备着通过提问问题并鼓励学生自己提问问题来激发学生的学习兴趣，点燃他们的兴趣火花。这部书的目的就是帮助你成为这样一种教师——让学习对孩子的生活产生重要作用。

“常青藤”书系—中青文教师用书总目录

	书名	书号	定价
	特别推荐——从优秀到卓越系列		
★	从优秀教师到卓越教师：极具影响力的日常教学策略	9787515312378	33.80
★	从优秀教学到卓越教学：让学生专注学习的最实用教学指南	9787515324227	39.90
★	从优秀学校到卓越学校：他们的校长在哪些方面做得更好	9787515325637	33.80
★	卓越课堂管理（中国教育新闻网2015年度“影响教师的100本书”）	9787515331362	88.00
	名师新经典/教育名著		
	在芬兰中小学课堂观摩研修的365日	9787515363608	49.00
★	马文·柯林斯的教育之道：通往卓越教育的路径（《中国教育报》2019年度“教师喜爱的100本书”，中国教育新闻网“影响教师的100本书”。朱永新作序，李希贵力荐）	9787515355122	49.80
★	如何当好一名学校中层：快速提升中层能力、成就优秀学校的31个高效策略	9787515346519	49.00
★	像冠军一样教学：引领学生走向卓越的62个教学诀窍	9787515343488	49.00
	像冠军一样教学 2：引领教师掌握62个教学诀窍的实操手册与教学资源	9787515352022	68.00
★	如何成为高效能教师	9787515301747	89.00
★	给教师的101条建议（第三版）(《中国教育报》“最佳图书”奖）	9787515342665	33.00
★	改善学生课堂表现的50个方法（入选《中国教育报》“影响教师的100本书”）	9787500693536	33.00
	改善学生课堂表现的50个方法操作指南：小技巧获得大改变	9787515334783	29.00
★	优秀教师一定要知道的17件事	9787515342726	23.00
	美国中小学世界历史读本 / 世界地理读本 / 艺术史读本	9787515317397等	106.00
	美国语文读本1-6	9787515314624等	252.70
	和优秀教师一起读苏霍姆林斯基	9787500698401	27.00
	快速破解60个日常教学难题	9787515339320	39.90
★	美国最好的中学是怎样的——让孩子成为学习高手的乐园	9787515344713	28.00
	建立以学习共同体为导向的师生关系：让教育的复杂问题变得简单	9787515353449	33.80
	教师成长/专业素养		
	卓越教师工具包：帮你顺利度过从教的前5年	9787515361345	49.00
★	可见的学习与深度学习：最大化学生的技能、意志力和兴奋感	9787515361116	45.00
	学生教给我的17件重要的事：带给你爱、勇气、坚持与创意的人生课堂	9787515361208	39.80
★	教师如何持续学习与精进	9787515361109	39.00
	从实习教师到优秀教师	9787515358673	39.90
	像领袖一样教学：改变学生命运，使学生变得更好（中国教育新闻网2015年度“影响教师的100本书”）	9787515355375	49.00
★	你的第一年：新教师如何生存和发展	9787515351599	33.80
	教师精力管理：让教师高效教学，学生自主学习	9787515349169	28.00
	如何使学生成为优秀的思考者和学习者：哈佛大学教育学院课堂思考解决方案	9787515348155	39.80
	反思性教学：一个已被证明能让教师做到更好的培训项目（30周年纪念版）	9787515347837	49.00
★	凭什么让学生服你：极具影响力的日常教育策略（中国教育新闻网2017年度“影响教师的100本书”）	9787515347554	28.00
	运用积极心理学提高学生成绩（中国教育新闻网2017年度“影响教师的100本书”）	9787515345680	39.80
	可见的学习与思维教学：成长型思维教学的54个教学资源：教学资源版	9787515354743	36.00
★	可见的学习与思维教学：让教学对学生可见，让学习对教师可见（中国教育报2017年度“教师最喜爱的100本书”）	9787515345000	29.80

书名	书号	定价
教学是一段旅程：成长为卓越教师你一定要知道的事	9787515344478	39.00
安奈特·布鲁肖写给教师的101首诗	9787515340982	35.00
万人迷老师养成宝典学习指南	9787515340784	28.00
中小学教师职业道德培训手册：师德的定义、养成与评估	9787515340777	32.00
成为顶尖教师的10项修炼（中国教育新闻网2015年度“影响教师的100本书”）	9787515334066	35.00
★ T. E. T. 教师效能训练：一个已被证明能让所有年龄学生做到最好的培训项目（30周年纪念版）（中国教育新闻网2015年度“影响教师的100本书”）	9787515332284	49.00
教学需要打破常规：全世界最受欢迎的创意教学法（中国教育新闻网2015年度“影响教师的100本书”）	9787515331591	45.00
给幼儿教师的100个创意：幼儿园班级设计与管理	9787515330310	39.90
给小学教师的100个创意：发展思维能力	9787515327402	29.00
给中学教师的100个创意：如何激发学生的天赋和特长 / 杰出的教学 / 快速改善学生课堂表现	9787515330723等	87.90
以学生为中心的翻转教学11法	9787515328386	29.00
如何使教师保持职业激情	9787515305868	29.00
★ 如何培训高效能教师：来自全美权威教师培训项目的建议	9787515324685	39.90
良好教学效果的12试金石：每天都需要专注的事情清单	9787515326283	29.90
★ 让每个学生主动参与学习的37个技巧	9787515320526	45.00
给教师的40堂培训课：教师学习与发展的最佳实操手册	9787515352787	39.90
提高学生学习效率的9种教学方法	9787515310954	27.80
★ 优秀教师的课堂艺术：唤醒快乐积极的教学技能手册	9787515342719	26.00
★ 万人迷老师养成宝典（第2版）（入选《中国教育报》“2010年影响教师的100本书”）	9787515342702	39.00
高效能教师的9个习惯	9787500699316	26.00
课堂教学/课堂管理		
男孩不难教：男孩学业、态度、行为问题的新解决方案	9787515364827	49.00
★ 高度参与的线上线下融合式教学设计：极具影响力的备课、上课、练习、评价项目教学法	9787515364438	49.00
跨学科项目式教学：通过“+1”教学法进行计划、管理和评估	9787515361086	49.00
课堂上最重要的56件事	9787515360775	35.00
★ 全脑教学与游戏教学法	9787515360690	39.00
★ 深度教学：运用苏格拉底式提问法有效开展备课设计和课堂教学	9787515360591	49.90
★ 一看就会的课堂设计：三个步骤快速构建完整的课堂管理体系	9787515360584	39.90
如何有效激发学生学习兴趣	9787515360577	38.00
如何解决课堂上最关键的9个问题	9787515360195	49.00
多元智能教学法：挖掘每一个学生的最大潜能	9787515359885	39.90
★ 探究式教学：让学生学会思考的四个步骤	9787515359496	39.00
课堂提问的技术与艺术	9787515358925	49.00
如何在课堂上实现卓越的教与学	9787515358321	49.00
基于学习风格的差异化教学	9787515358437	39.90
★ 如何在课堂上提问：好问题胜过好答案	9787515358253	39.00
★ 高度参与的课堂：提高学生专注力的沉浸式教学	9787515357522	39.90
让学习变得有趣	9787515357782	39.00

	书名	书号	定价
★	如何利用学校网络进行项目式学习和个性化学习	9787515357591	39.90
	基于问题导向的互动式、启发式与探究式课堂教学法	9787515356792	49.00
	如何在课堂中使用讨论：引导学生讨论式学习的60种课堂活动	9787515357027	38.00
	如何在课堂中使用差异化教学	9787515357010	39.90
★	如何在课堂中培养成长型思维	9787515356754	39.90
	每一位教师都是领导者：重新定义教学领导力	9787515356518	39.90
★	教室里的1-2-3魔法教学：美国广泛使用的从学前到八年级的有效课堂纪律管理	9787515355986	39.90
	如何在课堂中使用布卢姆教育目标分类法	9787515355658	39.00
	如何在课堂上使用学习评估	9787515355597	39.00
	7天建立行之有效的课堂管理系统：以学生为中心的分层式正面管教	9787515355269	29.90
	积极课堂：如何更好地解决课堂纪律与学生的冲突	9787515354590	38.00
	设计智慧课堂：培养学生一生受用的学习习惯与思维方式	9787515352770	39.00
	追求学习结果的88个经典教学设计：轻松打造学生积极参与的互动课堂	9787515353524	39.00
	从备课开始的100个课堂活动设计：创造积极课堂环境和学习乐趣的教师工具包	9787515353432	33.80
	老师怎么教，学生才能记得住	9787515353067	48.00
	多维互动式课堂管理：50个行之有效的方法助你事半功倍	9787515353395	39.80
	智能课堂设计清单：帮助教师建立一套规范程序和做事方法	9787515352985	49.90
	提升学生小组合作学习的56个策略：让学生变得专注、自信、会学习	9787515352954	29.90
	快速处理学生行为问题的52个方法：让学生变得自律、专注、爱学习	9787515352428	39.00
	王牌教学法：罗恩·克拉克学校的创意课堂	9787515352145	39.80
	让学生快速融入课堂的88个趣味游戏：让上课变得新颖、紧凑、有成效	9787515351889	39.00
★	如何调动与激励学生：唤醒每个内在学习者（李希贵校长推荐全校教师研读）	9787515350448	39.80
	合作学习技能35课：培养学生的协作能力和未来竞争力	9787515340524	59.00
	基于课程标准的STEM教学设计：有趣有料有效的STEM跨学科培养教学方案	9787515349879	68.00
	如何设计教学细节：好课堂是设计出来的	9787515349152	39.00
	15秒课堂管理法：让上课变得有料、有趣、有秩序	9787515348490	49.00
	混合式教学：技术工具辅助教学实操手册	9787515347073	39.80
	从备课开始的50个创意教学法	9787515346618	39.00
	中学生实现成绩突破的40个引导方法	9787515345192	33.00
	给小学教师的100个简单的科学实验创意	9787515342481	39.00
	老师如何提问，学生才会思考	9787515341217	49.00
	教师如何提高学生小组合作学习效率	9787515340340	39.00
	卓越教师的200条教学策略	9787515340401	49.90
	中小学生执行力训练手册：教出高效、专注、有自信的学生	9787515335384	33.80
	从课堂开始的创客教育：培养每一位学生的创造能力	9787515342047	33.00
	提高学生学习专注力的8个方法：打造深度学习课堂	9787515333557	35.00
	改善学生学习态度的58个建议	9787515324067	36.00
★	全脑教学（中国教育新闻网2015年度“影响教师的100本书”）	9787515323169	38.00
★	全脑教学与成长型思维教学：提高学生学习力的92个课堂游戏	9787515349466	39.00
★	哈佛大学教育学院思维训练课	9787515325101	36.00
	完美结束一堂课的35个好创意	9787515325163	28.00
	如何更好地教学：优秀教师一定要知道的事	9787515324609	36.00

	书名	书号	定价
	带着目的教与学	9787515323978	28.00
★	美国中小学生社会技能课程与活动（学前阶段/1-3年级/4-6年级/7-12年级）	9787515322537等	153.80
	彻底走出教学误区：开启轻松智能课堂管理的45个方法	9787515322285	28.00
	破解问题学生的行为密码：如何教好焦虑、逆反、孤僻、暴躁、早熟的学生	9787515322292	36.00
	13个教学难题解决手册	9787515320502	28.00
★	让学生爱上学习的165个课堂游戏	9787515319032	39.00
	美国学生游戏与素质训练手册：培养孩子合作、自尊、沟通、情商的103种教育游戏	9787515325156	49.00
	老师怎么说，学生才会听	9787515312057	39.00
	快乐教学：如何让学生积极与你互动（入选《中国教育报》"影响教师的100本书"）	9787500696087	29.00
★	老师怎么教，学生才会提问	9787515317410	29.00
★	快速改善课堂纪律的75个方法	9787515313665	28.00
★	教学可以很简单：高效能教师轻松教学7法	9787515314457	39.00
★	好老师可以避免的20个课堂错误（入选《中国教育报》"影响教师的100本图书"）	9787500688785	39.90
★	好老师应对课堂挑战的25个方法（《给教师的101条建议》作者新书）	9787500699378	25.00
★	好老师激励后进生的21个课堂技巧	9787515311838	39.80
★	开始和结束一堂课的50个好创意	9787515312071	29.80
	好老师因材施教的12个方法（美国著名教师伊莉莎白"好老师"三部曲）	9787500694847	22.00
★	如何打造高效能课堂	9787500680666	29.00
	合理有据的教师评价：课堂评估衡量学生进步	9787515330815	29.00
	班主任工作/德育		
★	北京四中8班的教育奇迹	9787515321608	36.00
★	师德教育培训手册	9787515326627	29.80
	中小学教师职业道德培训手册：师德的定义、养成与评估	9787515340777	32.00
★	好老师征服后进生的14堂课（美国著名教师伊莉莎白"好老师"三部曲）	9787500693819	39.90
	优秀班主任的50条建议：师德教育感动读本（《中国教育报》专题推荐）	9787515305752	23.00
	学校管理/校长领导力		
★	学校管理最重要的48件事	9787515361055	39.80
	重新设计学习和教学空间：设计利于活动、游戏、学习、创造的学习环境	9787515360447	49.90
	重新设计一所好学校：简单、合理、多样化地解构和重塑现有学习空间和学校环境	9787515356129	49.00
	让樱花绽放英华	9787515355603	79.00
	学校管理者平衡时间和精力的21个方法	9787515349886	29.90
	校长引导中层和教师思考的50个问题	9787515349176	29.00
	如何定义、评估和改变学校文化	9787515340371	29.80
	优秀校长一定要做的18件事（入选《中国教育报》"2009年影响教师的100本书"）	9787515342733	39.90
	学科教学/教科研		
	人大附中整本书阅读取胜之道：让阅读与作文双赢	9787515364636	59.90
	北京四中语文课：千古文章	9787515360973	59.00
	北京四中语文课：亲近经典	9787515360980	59.00
	从备课开始的56个英语创意教学：快速从小白老师到名师高手	9787515359878	49.90
	美国学生写作技能训练	9787515355979	39.90
	《道德经》妙解、导读与分享（诵读版）	9787515351407	49.00
	京沪穗江浙名校名师联手教你：如何写好中考作文	9787515356570	49.90

	书名	书号	定价
	京沪穗江浙名校名师联手授课：如何写好高考作文	9787515356686	49.80
★	人大附中中考作文取胜之道	9787515345567	39.80
★	人大附中高考作文取胜之道	9787515320694	33.80
★	人大附中学生这样学语文：走近经典名著	9787515328959	33.80
	四界语文（入选《中国教育报》2017年度“教师喜爱的100本书”）	9787515348483	49.00
	让小学一年级孩子爱上阅读的40个方法	9787515307589	39.90
	让学生爱上数学的48个游戏	9787515326207	26.00
	轻松100课教会孩子阅读英文	9787515338781	88.00
	情商教育/心理咨询		
	9节课，教你读懂孩子：妙解亲子教育、青春期教育、隔代教育难题	9787515351056	39.80
★	学生版盖洛普优势识别器（独一无二的优势测量工具）	9787515350387	169.00
	与孩子好好说话（获“美国国家育儿出版物（NAPPA）金奖”）	9787515350370	39.80
	中小学心理教师的10项修炼	9787515309347	36.00
★	别和青春期的孩子较劲（增订版）（入选《中国教育报》“2009年影响教师的100本书”）	9787515343075	28.00
★	100条让孩子胜出的社交规则	9787515327648	28.00
	守护孩子安全一定要知道的17个方法	9787515326405	32.00
	幼儿园/学前教育		
	中挪学前教育合作式学习：经验·对话·反思	9787515364858	79.00
	幼小衔接听读能力课	9787515364643	33.00
	用蒙台梭利教育法开启0~6岁男孩潜能	9787515361222	45.00
	德国幼儿的自我表达课：不是孩子爱闹情绪，是她/他想说却不会说！	9787515359458	59.00
	德国幼儿教育成功的秘密： 近距离体验德国学前教育理念与幼儿园日常活动安排	9787515359465	49.80
	美国儿童自然拼读启蒙课：至关重要的早期阅读训练系统	9787515351933	49.80
	幼儿园30个大主题活动精选：让工作更轻松的整合技巧	9787515339627	39.80
★	美国幼儿教育活动大百科：3-6岁儿童学习与发展指南用书 科学 / 艺术 / 健康与语言 / 社会	9787515324265等	600.00
	蒙台梭利早期教育法：3-6岁儿童发展指南（理论版）	9787515322544	29.80
	蒙台梭利儿童教育手册：3-6岁儿童发展指南（实践版）	9787515307664	33.00
★	自由地学习：华德福的幼儿园教育	9787515328300	29.90
	赞美你：奥巴马给女儿的信	9787515303222	19.90
	史上最接地气的幼儿书单	9787515329185	39.80
	教育主张/教育视野		
	学习的科学：每位教师都应知道的77项教育研究成果	9787515364094	59.00
	真实性学习：如何设计体验式、情境式、主动式的学习课堂	9787515363769	49.00
	哈佛前1%的秘密（俞敏洪、成甲、姚梅林、张梅玲推荐）	9787515363349	59.90
	基于七个习惯的自我领导力教育设计：让学校育人更有道，让学生自育更有根	9787515362809	69.00
	终身学习：让学生在未来拥有不可替代的决胜力	9787515360560	49.90
	颠覆性思维：为什么我们的阅读方式很重要	9787515360393	39.90
	如何教学生阅读与思考：每位教师都需要的阅读训练手册	9787515359472	39.00
	“互联网+”时代，如何做一名成长型教师	9787515340302	29.90
	教出阅读力	9787515352800	39.90
	为学生赋能：当学生自己掌控学习时，会发生什么	9787515352848	33.00

书名	书号	定价
如何用设计思维创意教学：风靡全球的创造力培养方法	9787515352367	39.80
如何发现孩子：实践蒙台梭利解放天性的趣味游戏	9787515325750	32.00
如何学习：用更短的时间达到更佳效果和更好成绩	9787515349084	49.00
教师和家长共同培养卓越学生的10个策略	9787515331355	27.00
如何阅读：一个已被证实的低投入高回报的学习方法	9787515346847	39.00
芬兰教育全球第一的秘密（钻石版）（《中国教育报》等主流媒体专题推荐）	9787515359922	59.00
世界最好的教育给父母和教师的45堂必修课（《芬兰教育全球第一的秘密》2）	9787515342696	28.00
杰出青少年的7个习惯（精英版）	9787515342672	39.00
杰出青少年的7个习惯（成长版）	9787515335155	29.00
杰出青少年的6个决定（领袖版）（全国优秀出版物奖）	9787515342658	49.90
7个习惯教出优秀学生（第2版）（全球畅销书《高效能人士的七个习惯》教师版）	9787515342573	39.90
学习的科学：如何学习得更好更快（入选中国教育网2016年度“影响教师的100本书”）	9787515341767	39.80
杰出青少年构建内心世界的5个坐标（中国青少年成长公开课）	9787515314952	59.00
跳出教育的盒子（第2版）（美国中小学教学经典畅销书）	9787515344676	35.00
夏烈教授给高中生的19场讲座	9787515318813	29.90
学习之道：美国公认经典学习书	9787515342641	39.00
翻转学习：如何更好地实践翻转课堂与慕课教学（中国教育新闻网2015年度“影响教师的100本书”）	9787515334837	32.00
翻转课堂与慕课教学：一场正在到来的教育变革	9787515328232	26.00
翻转课堂与混合式教学：互联网+时代，教育变革的最佳解决方案	9787515349022	29.80
翻转课堂与深度学习：人工智能时代，以学生为中心的智慧教学	9787515351582	29.80
奇迹学校：震撼美国教育界的教学传奇（中国教育新闻网2015年度“影响教师的100本书”）	9787515327044	36.00
学校是一段旅程：华德福教师1-8年级教学手记	9787515327945	49.00
高效能人士的七个习惯（30周年纪念版）（全球畅销书）	9787515360430	79.00

T. E. T. 教师效能训练

一个已被证明能让所有年龄学生做到最好的培训项目（30周年纪念版）

教师培训、学校团购热门图书

著者：（美）托马斯 · 戈登
ISBN：9787515332284
定价：49.00元
出版社：中国青年出版社

◆ T.E.T. 教师效能训练，各国教育家口碑相传的革命性教师培训课程。50年来，遍及全美及世界27个国家，全球千万名教师受惠于此套方法。

◆ 课程的设计者托马斯 · 戈登博士，前美国白宫儿童顾问，连续3次获诺贝尔和平奖提名，被誉为“沟通之父”。他创建的“戈登方法”，闻名全球，畅销书《如何说孩子才会听，怎么听孩子才肯说》理念的精髓即来自此方法。

◆ 本书的神奇魔力：快速建立优质师生关系，高效改善学生课堂表现，显著提高教师效能。

◆ 这本教育经典著作中的“戈登方法”，这套引起全美父母与教师效能运动的方法，适用于当今每个课堂。

内容简介

T. E. T. 教师效能训练课程由美国著名心理学家托马斯 · 戈登博士于1965年创建，旨在向教师传授如何建立有效的师生关系，帮助学生做到最好。该课程被美国公、私立学校广泛采用，参加培训的包括幼儿园、中小学教师与校长，全美有数百万教师在大学或在职学习过这一课程。该课程现已发展成全球性的教师培训课程。

本书的技能与方法正是来自这一课程，通过让教师在课堂上运用一系列有效的沟通技巧与冲突解决方法，帮助其获得高质量的师生关系，从而减少课堂冲突与纪律问题，提升课堂时间的质量，提高学生的学习主动性、专注力、自控力、学习效率以及课堂教学的参与度，最终实现教师的高效能与学生的成长与发展。

通过本书，教师将学会：

如何说，学生才会听；怎么听，学生才肯说；

让学生就教学内容展开高效讨论；

知道自己发怒的原因，以及怎样采取不同的态度；

有效处理学生抵触情绪；

处理师生之间、学生之间的冲突，且不伤害学生自尊；

……